BEN BODEN

Angel knoten

Schritt für Schritt

KOSMOS

Mehr entdecken, mehr verstehen

DAS KOSMOS VERSPRECHEN

Expertenwissen seit 1822

Welches Thema dich auch begeistert – auf unsere Expertise kannst du dich verlassen. Und das schon seit über 200 Jahren.

Unser Anspruch ist es, dich mit wertvollem Rat zu begleiten, dich zu inspirieren und deinen Horizont zu erweitern.

BEGEISTERUNG DURCH KOMPETENZ

Unsere Autorinnen und Autoren vereinen professionelles Know-how mit großer Leidenschaft für ihre Themen.

WISSEN, DAS DICH WEITERBRINGT

Leicht verständlich, lebensnah und informativ für dich auf den Punkt gebracht.

SACHVERSTAND, DEN MAN SEHEN KANN

Mit aussagestarken Fotos, Zeichnungen und Grafiken werden Inhalte besonders anschaulich aufbereitet.

QUALITÄT FÜR HEUTE UND MORGEN

Dafür sorgen langlebige Verarbeitung und ressourcenschonende Produktion.

Inhalt

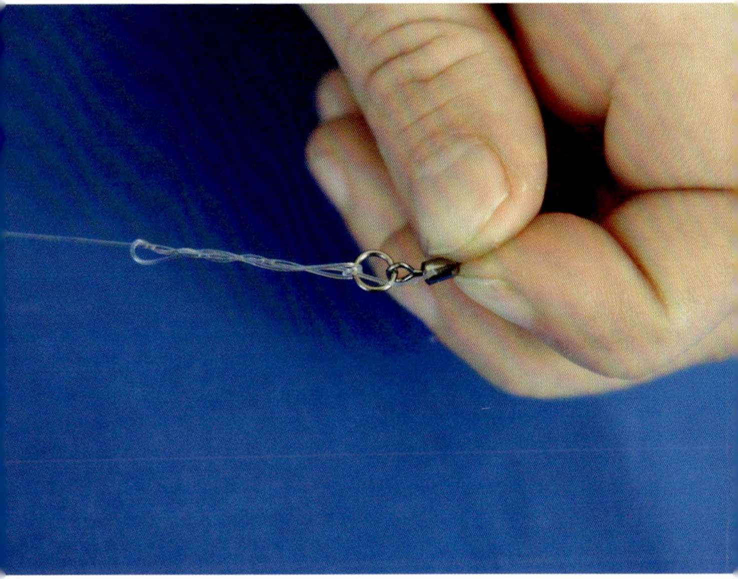

Die richtige Verbindung

Für viele Angler darf es immer nur das Beste sein: die beste Rute, die beste Rolle, der beste Wirbel, der beste Haken, die beste Schnur. Aber eine Sache kann man auch mit dem höchsten Geldbetrag nicht verbessern, und das ist die Verbindung – die Verbindung von Schnur zum Haken, die Verbindung von Schnur zum Wirbel oder auch die Verbindung von Hauptschnur zur Schlagschnur. All diese Verbindungen müssen geknotet werden.
Natürlich kann man sich darauf verlassen, dass man nie allein ans Wasser geht und der Angelkumpel sich auf die besten Knoten versteht. Aber ganz ehrlich, wer will denn immer auf den Angelkollegen angewiesen sein? Nein die Knotenkunde ist ein fester Bestandteil unseres Hobbys. Nun muss man ja auch nicht gerade Hunderte Knoten kennen, nein, im normalen Anglerleben reichen fünf bis sechs Knoten völlig aus. Allerdings bevorzugen manche Angler eben diesen Knoten, andere jenen, das ist der Grund, warum es deutlich mehr Knoten gibt als fünf. Außerdem gibt es natürlich dann auch noch die speziellen Knoten, beipielsweise für das

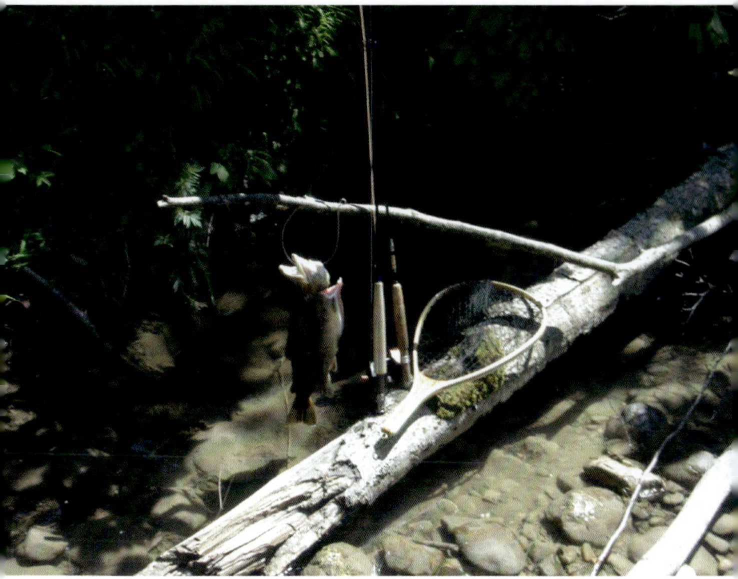

Ob Fliegenfischen oder Kunstköderfischen, Knoten werden immer gebraucht.

Dropshotangeln, oder eben, um die künstliche Fliege anzubringen. Dieses Buch stellt 40 Angelknoten vor. Das Buch passt in jeden Angelrucksack, sodass man entweder nachlesen kann, wie ein bestimmter Knoten genau ging, oder man auch nach einem Knoten für eine spezielle Situation suchen kann. Aber eines ist sicher, wenn Sie dieses Buch dabeihaben, sollten Sie für jede Situation auch einen perfekten Knoten finden können.

Routinen

Ein paar Dinge sind bei jedem Knoten immer gleich. Die wichtigste Regel ist die Genauigkeit. Je genauer man einen Knoten bindet, desto sicherer darf man sein, dass er auch hält. Bei Schnurquetschungen und ähnlichen Ungenauigkeiten muss man eben damit rechnen, dass an dieser Stelle ein Schwachpunkt vorhanden ist, der das Knotenleben erheblich verkürzen kann. Außerdem entsteht beim Zusammenziehen Wärme, die die Schnur schädigen kann, weswegen jeder Knoten vor dem Zusammenziehen befeuchtet werden muss.

So, nun wünsche ich viel Spaß mit den 40 häufigsten Angelknoten.

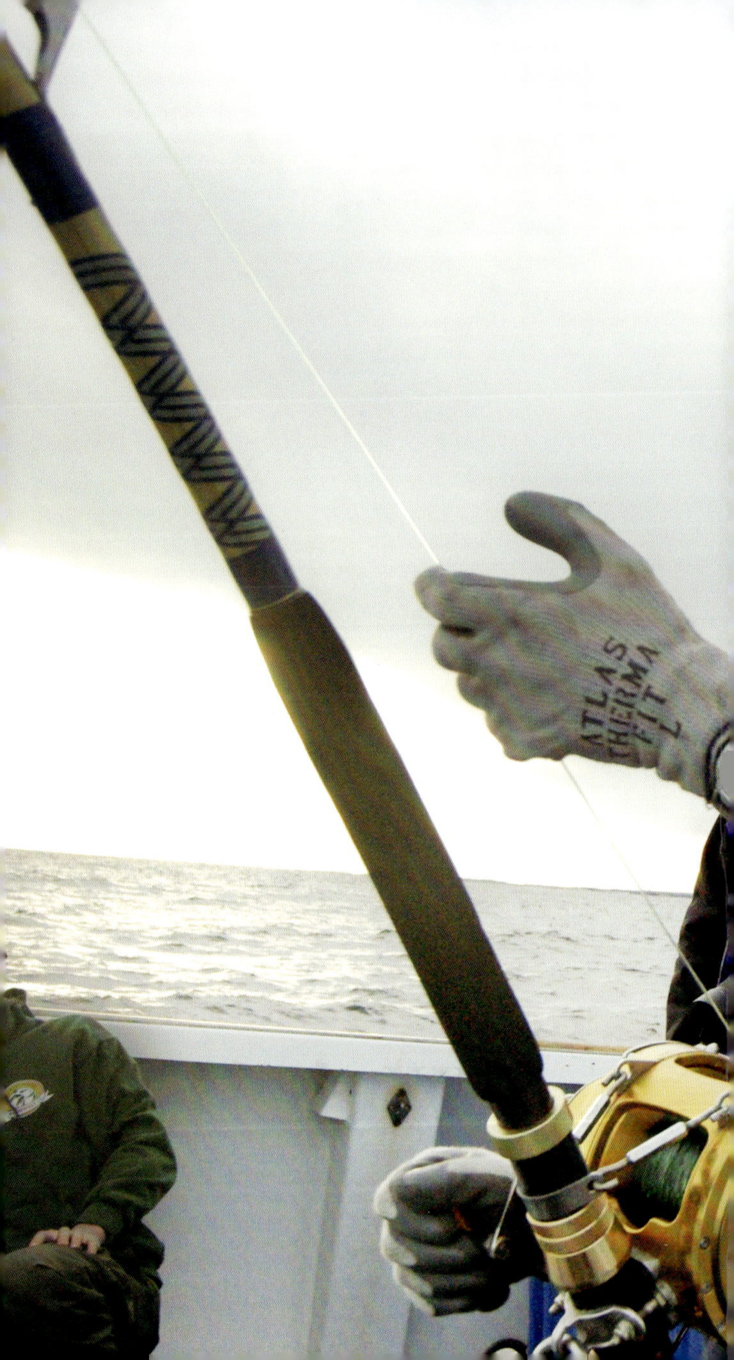
ATLAS
THERMA
FIT
L

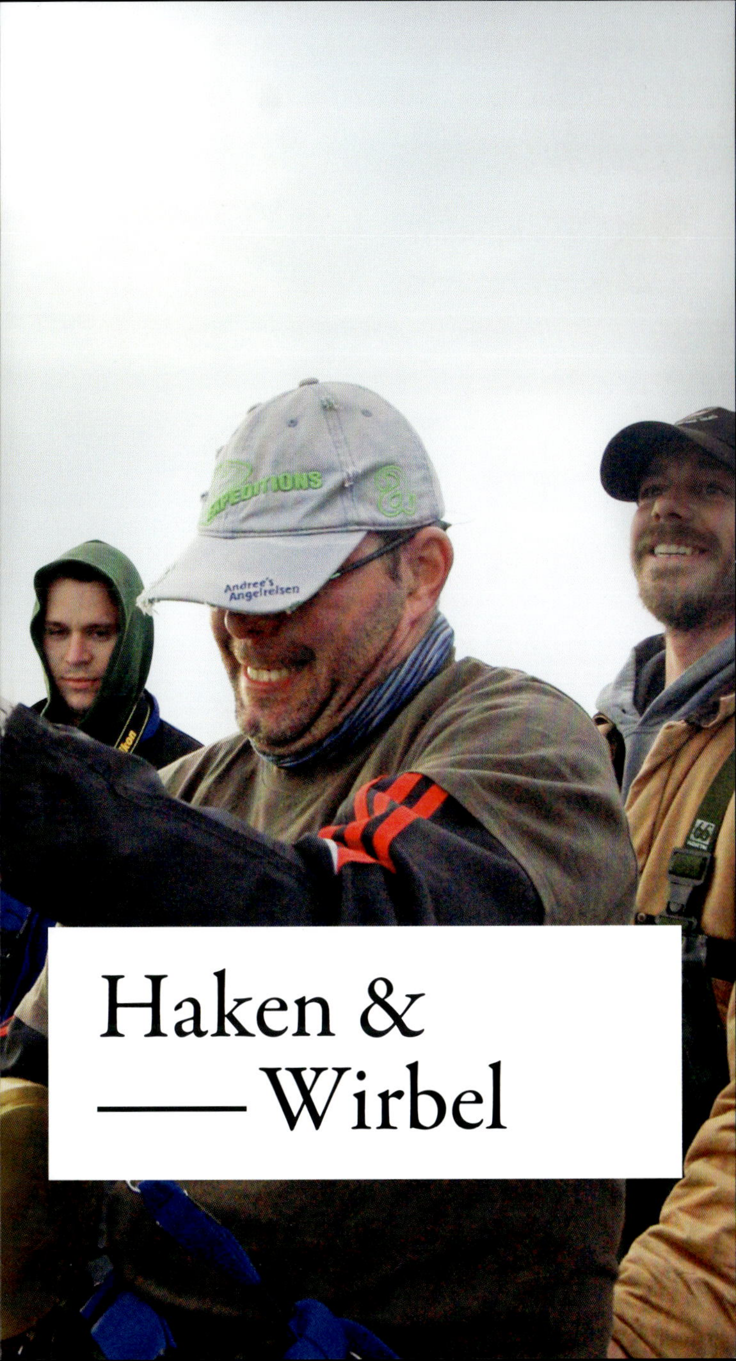

Haken & Wirbel

Plättchen-Knoten

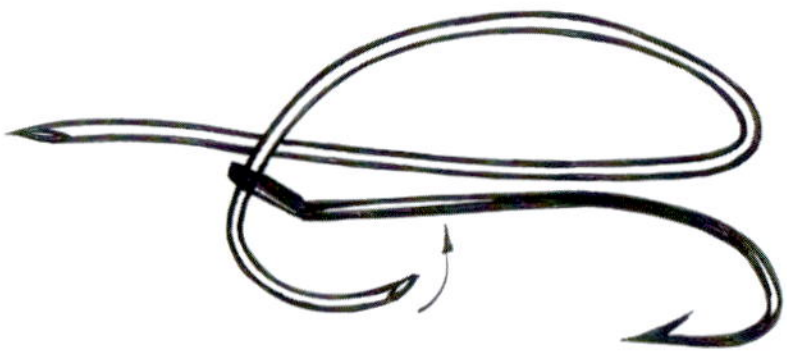

Schritt 1
Mit der Schnur, meist Vorfach, eine Schlaufe an der Außenseite des Knotens anlegen und das Ende der Schnur, welches nicht zur Hauptschnur führen soll, ein Stück überstehen lassen.

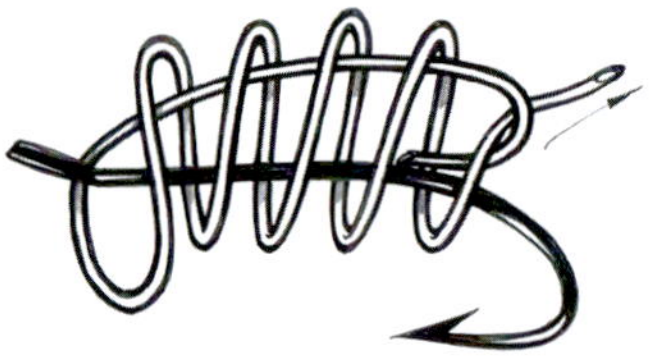

Schritt 2
Das überstehende Ende der Schnur über den Hakenschaft und die Schnurschlaufe von oben nach unten wickeln. Immer darauf achten, dass sauber gewickelt wird, damit keine Schnurquetschungen enstehen. Je nach Hakengröße ruhig bis zu acht Wicklungen. Unten kurz vor dem Hakenbogen das Schnurende durch die Schlaufe ziehen.

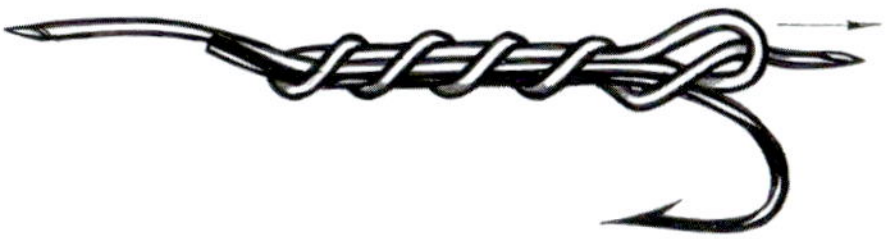

Schritt 3

Durch leichtes Ziehen in beide Richtungen den gesamten Knoten langsam und vorsichtig an den Schaft anlegen. Das Ganze anfeuchten, beispielsweise mit Spucke, und dann festziehen. Das Anfeuchten vorm Festziehen ist bei jedem Knoten notwendig, da durch Reibung Hitze entsteht und dadurch die Schnur geschädigt werden kann.

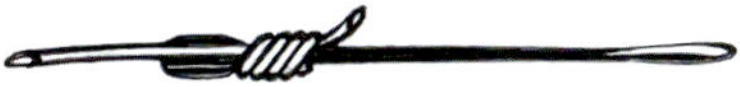

Schritt 4

Nach dem Festziehen sollte der Knoten unter dem Plättchen sitzen, das abstehende Ende sollte eingekürzt werden. Bei monofilen Schnüren kann man mittels Hitze (Feuerzeug) das Ende ankokeln, damit bleibt ein Sicherheitsknubbel zurück.

Schaftknoten für Öhrhaken

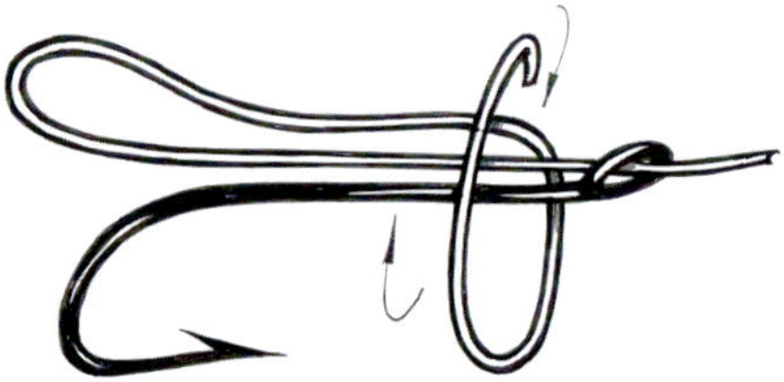

Schritt 1

Der Knoten ist dem Plättchen-Knoten sehr ähnlich. Zuerst wird die Schnur durch das Öhr des Hakens am Schaft entlanggeführt, und mit dem eingefädelten Ende wird dann eine Schlaufe gelegt, dabei muss darauf geachtet werden, dass das Ende der Schnur lang genug gelassen wird.

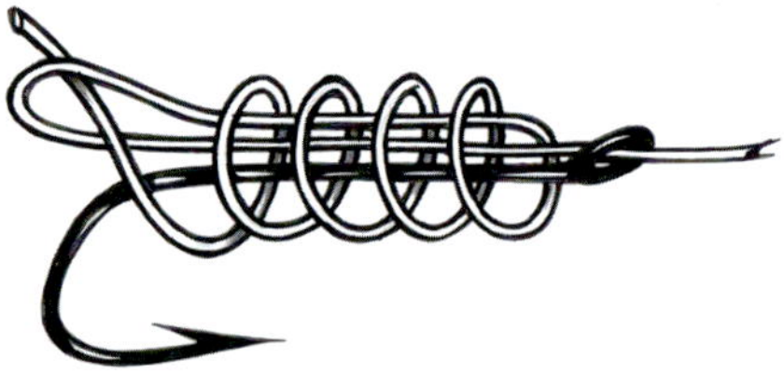

Schritt 2

Jetzt das Ende der Schnur an Schaft und Schlaufe sauber nach unten wickeln. Immer darauf achten, dass die Wicklungen nebeneinanderliegen, damit die Schnur nicht gequetscht wird. Je nach Größe des Hakens fünf bis acht Wicklungen nach unten legen und kurz vor dem Hakenbogen durch die vorhandene Schlaufe fädeln.

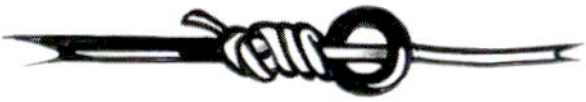

Schritt 3

Jetzt kommt das Übliche: Knoten vorsichtig anziehen, sodass er am hinteren Schaft anliegt. Dann anfeuchten und stramm ziehen, damit der Knoten fest unter dem Öhr sitzt. Das Schnurende einkürzen und gegebenenfalls erhitzen, nur bei monofilen Schnüren.

HAKENSCHAFTKNOTEN

Der Plättchen-Knoten und der Knoten für Öhrhaken sind im Grunde genommen identische Knoten. Nur dass beim Öhrhaken die Schnur durch das Öhr gefädelt wird, während beim Plättchen-Knoten der Knoten eben nur unter dem Plättchen Halt findet. Plättchenhaken sind meist kleine Haken für feine Fischerei, und die großen Haken sind für das schwerere Angeln.

Clinchknoten

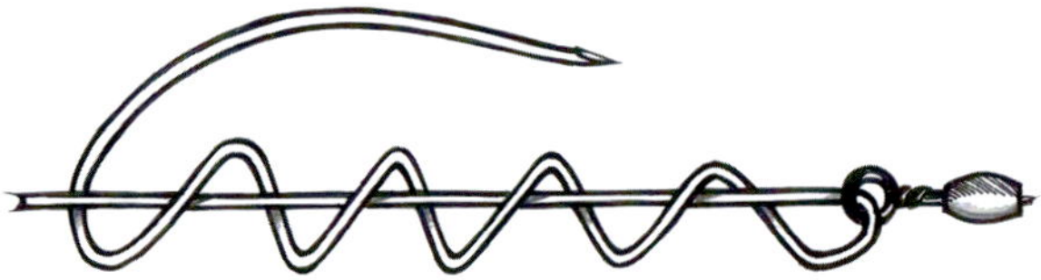

Schritt 1
Die Schnur wird durch die Öse geführt, und zwar ein recht langes Stück. Nun wird die Schnur bei der Öse beginnend locker an der eigenen Schnur entlang nach oben gewickelt, abhängig von der Schnurdicke 5- bis 8-mal.

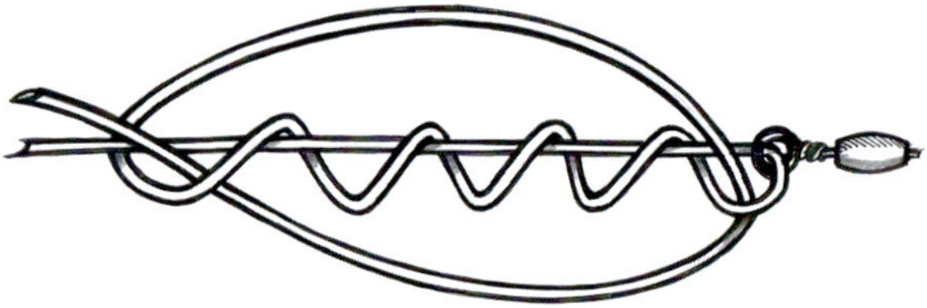

Schritt 2
Das Schnurende wird nun durch die Schlaufe geführt, die sich durch die lockeren Wicklungen direkt unten an der Öse gebildet hat und von dort wieder durch die Schlaufe, die sich am oberen Ende der Wicklungen gebildet hat.

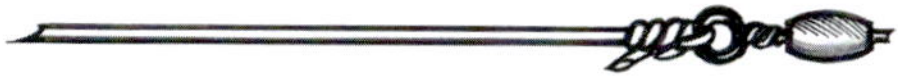

Schritt 3
Nun wie bei jedem Knoten das komplette Konstrukt langsam in Richtung Öse anziehen. Wenn alles sauber sitzt, anfeuchten, stramm ziehen und einkürzen.

ALLESKÖNNER
Der Clinch-Knoten ist einer der am häufigsten verwendeten Angelknoten. Man kann ihn für alles benutzen, was ein Öhr hat, egal ob großer Öhrhaken oder Wirbel. Durch seine hohe Knotenfestigkeit von 80–85 % ist er sehr beliebt.

Doppel-Clinch-Knoten

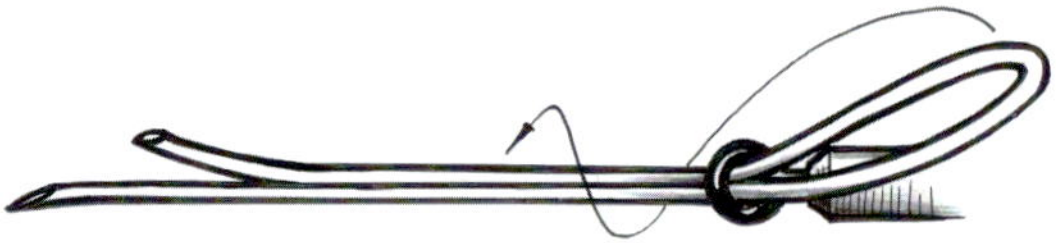

Schritt 1

Der doppelte Clinch-Knoten ist eine verbesserte Version des einfachen, für Fälle, in denen Sicherheit und Tragkraft sehr wichtig sind. Zuerst legt man eine Schlaufe von cirka 20 bis 25 Zentimetern und führt diese durch das Öhr des Hakens oder Wirbels.

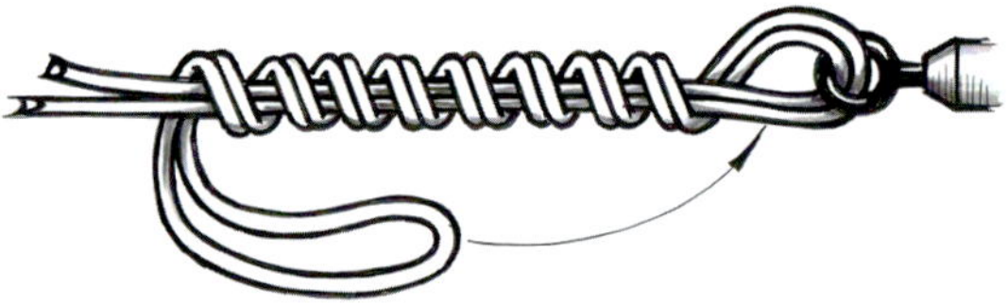

Schritt 2

Wie beim einfachen Clinch-Knoten auch werden nun vom Öhr weg drei bis fünf Windungen um die Schnur gelegt.

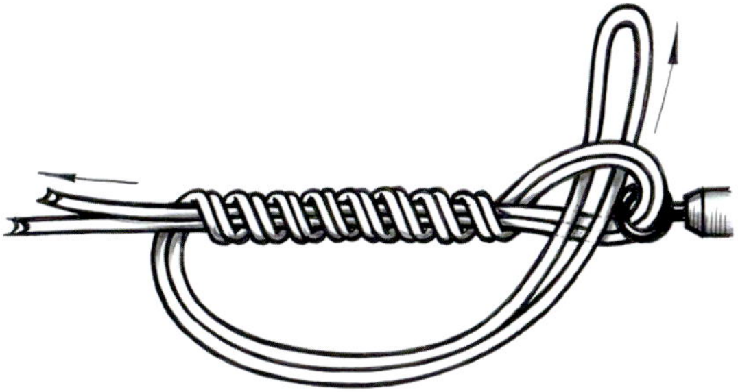

Schritt 3

Nun wird die Schlaufe zurückgeführt und durch die Schnuröffnung geführt, die sich vor dem Öhr gebildet hat.

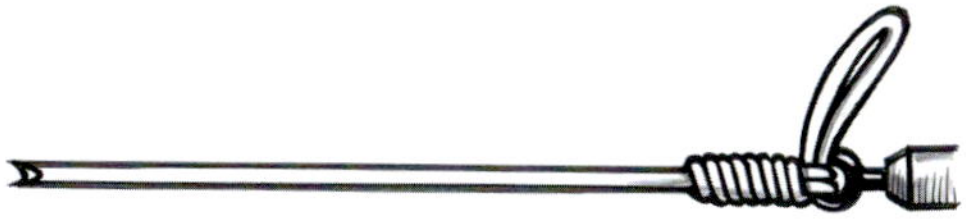

Schritt 4

Nun wird das Ganze erst vorsichtig zusammengezogen, sodass sich direkt am Öhr der Knoten bildet. Dann anfeuchten, festziehen und einkürzen.

Jansik-Knoten

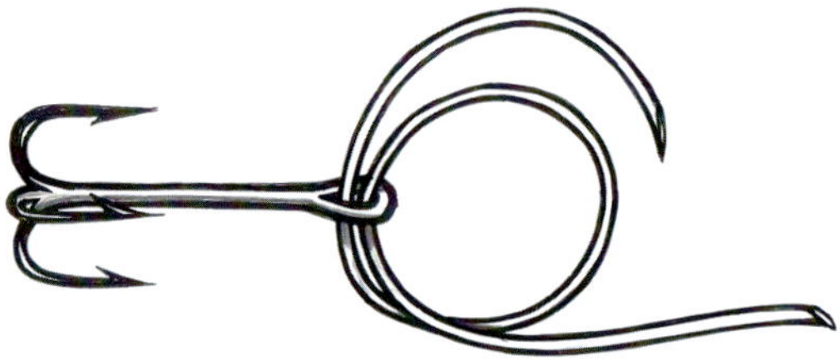

Schritt 1
Schnurende zweimal durch das Öhr führen, sodass eine Schlaufe aus doppelter Schnur entsteht.

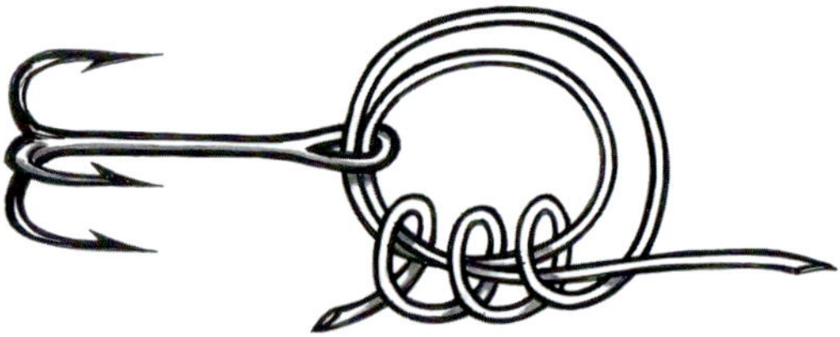

Schritt 2
Das Schnurende nun in die Schlaufe aus doppelter Schnur wickeln, also um beide Schnüre herum. Je nach Schnurdicke drei bis fünf Wicklungen.

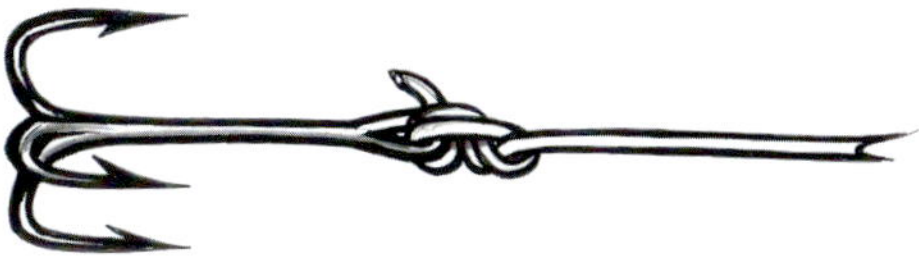

Schritt 3
Das Schnurende bei der letzten Wicklung nach innen, also vom Körper weg durch die Schlaufe führen, und nun auf die übliche Weise langsam anziehen, anfeuchten, stramm ziehen und einkürzen.

DRILLINGSHAKEN
Der Jansik wird für größere Haken, wie zum Beispiel Drillinge, verwendet. Durch das doppelte Legen der Schnur ist die Verbindung sehr stabil. Aber gerade deswegen muss auf sauberes Arbeiten geachtet werden, also dass die Wicklungen sauber nebeneinander sind und der Knoten langsam angezogen wird, damit er sauber am Öhr liegt und keine Quetschungen verursacht werden.

Duncan-Schlaufe

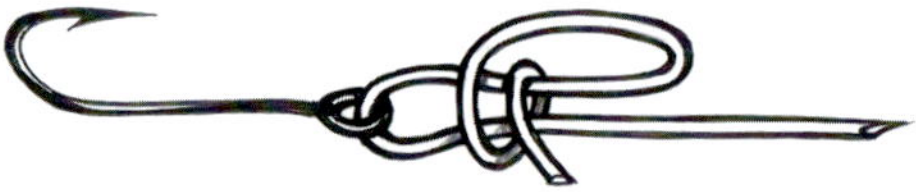

Schritt 1
Zuerst wird die Schnur durch das Öhr geführt. Nun wird die Schnur parallel an der Schnur selbst nach oben geführt. Drei bis fünf Zentimeter vor dem Öhr mit dem Finger die parallel liegenden Schnüre festhalten und das Schnurende wieder nach unten in Richtung Öhr führen, sodass neben den parallel liegenden Schnüren noch ein Schlaufe entsteht.

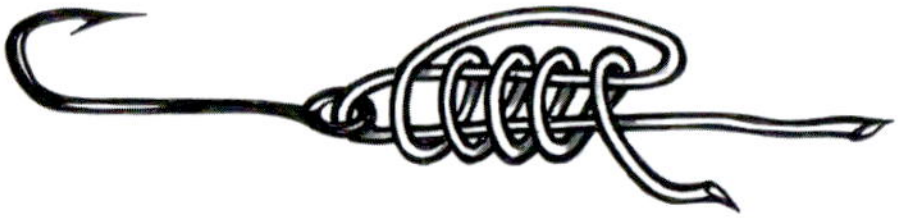

Schritt 2
Nun die Schnur von unten nach oben durch die entstandene Schlaufe führen, sodass beide parallel liegenden Schnüre umwickelt werden. Fünf bis acht Wicklungen legen.

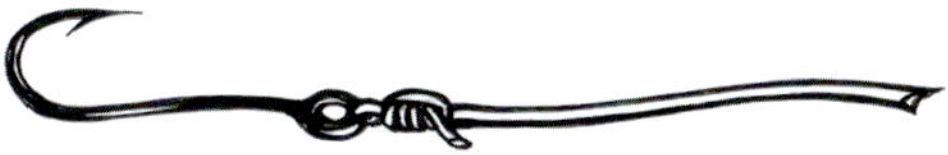

Schritt 3
Knoten vorsichtig in Richtung Öhr anziehen, aber darauf achten, dass ein klein wenig Platz zum Öhr gelassen wird. Anschließend anfeuchten, stramm ziehen und einkürzen.

BEWEGLICHKEIT
Dieser Knoten ist in Situationen gefragt, in denen der Haken beweglich sein muss. Ein typisches Beispiel wäre das Dropshot-Angeln, aber auch beim Karpfenangeln mit Selbsthakmontage bietet sich für manche Gelegenheiten dieser Knoten gut an.

Palomar-Knoten

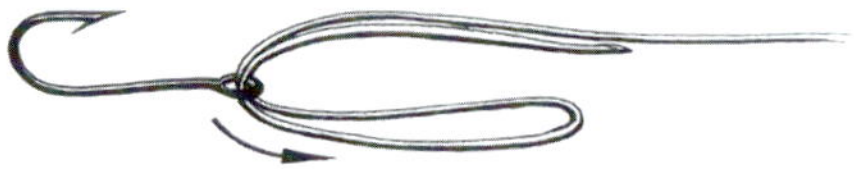

Schritt 1
Mit gut 20 Zentimetern Schnur eine Schlaufe legen. Die Schlaufe in das Öhr einfädeln und bis zur Hälfte durchziehen.

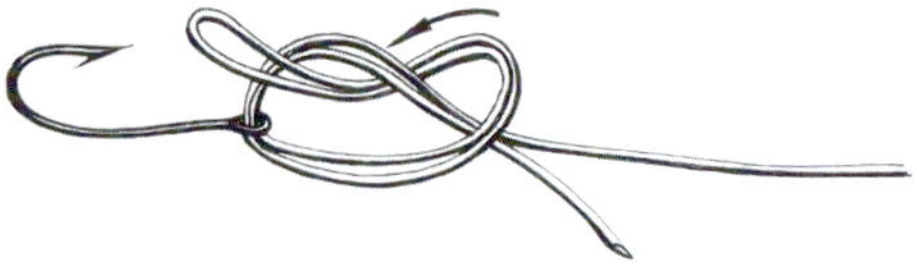

Schritt 2
Die durchgefädelte Schlaufe einmal um die doppelt liegende Schnur herumführen und durch die so erneut entstehende Schlaufe führen.

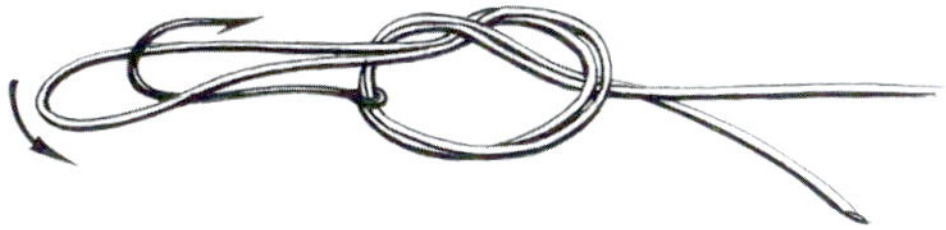

Schritt 3
Nun die Ursprungsschlaufe über die Hakenspitze ziehen und zum Hakenöhr zurückführen.

Schritt 4
Nun den Knoten leicht anziehen, befeuchten und festziehen. Anschließend die Schnur einkürzen.

Auch für Wirbel
Der Palomar-Knoten funktioniert natürlich auch an Wirbeln. Er eignet sich für das Angeln mit stärkeren Schnüren und lässt sich recht einfach binden, da es sich letztendlich nur um einen einfachen Überhandknoten handelt.

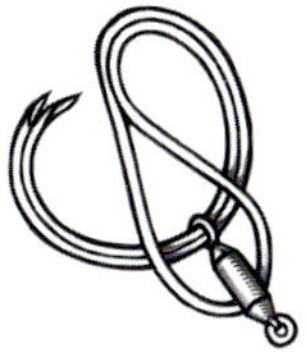

Grinner-Knoten

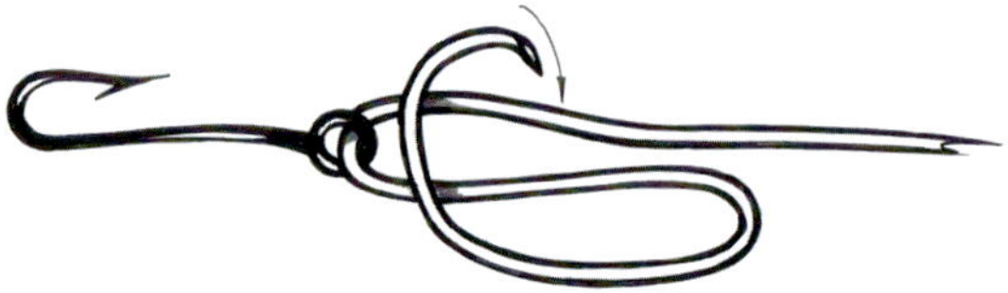

Schritt 1
Schnur von der Hakenspitze aus nach außen durch das Öhr ziehen und circa 20 Zentimeter Schnur durchfädeln. Die Schnüre liegen jetzt parallel. Ungefähr auf der Hälfte mit den Fingern beide Schnüre halten und das lose Ende wieder nach unten in Richtung Öhr führen und um die parallel liegenden Schnüre herumführen, sodass neben den parallel liegenden Schnüren noch eine Schlaufe entsteht.

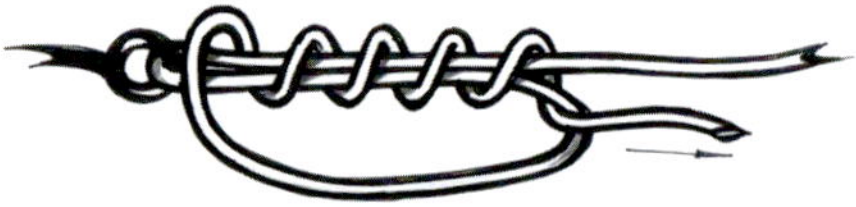

Schritt 2
Die Schnur, je nach Schnurdicke, 5- bis 8-mal durch die Schlaufe führen.

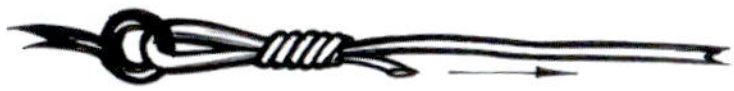

Schritt 3
Nun das Ganze durch leichten Zug anziehen, der Knoten sollte vorerst ein Stück vor dem Öhr zusammenkommen.

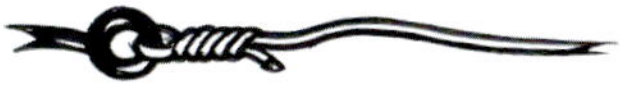

Schritt 4
Nun kann der Knoten durch Halten der nicht losen Schnur und sanften Zug am Knoten zum Öhr hin verschoben werden, dadurch bleibt wenig lose Schnur übrig und es muss meist wenig gekürzt werden. Der Knoten eignet sich vor allem für multifile Vorfächer, also zum Beispiel beim Karpfenangeln und verfügt über eine Tragkraft von nahezu 100 %.

Knoten für Thunfischhaken

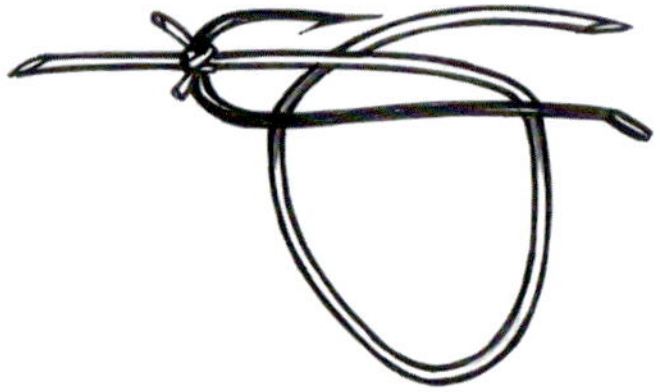

Schritt 1
Für diesen Knoten, auch Shell-Knoten genannt, gibt es verschiedene Bindeanleitungen. Hier die aus meiner Sicht einfachste: Schnur mit einem einfachen Hilfsknoten im Hakenbogen befestigen und eine Schlaufe unterhalb des Hakenbogens legen, wobei zwei Schnurteile parallel oberhalb des Hakenbogens liegen.

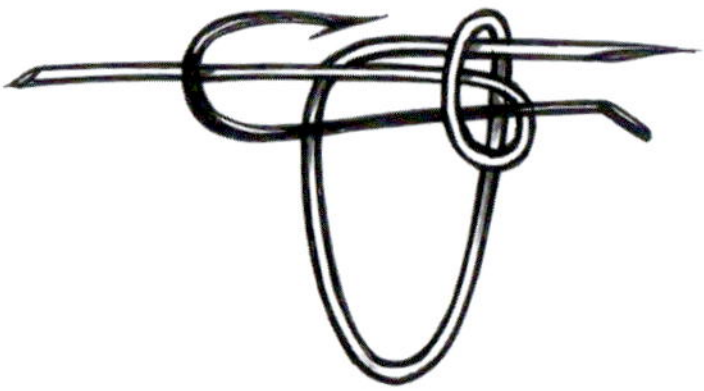

Schritt 2
Die Schlaufe wird nun um die parallel liegenden Schnüre und den Hakenschaft gewickelt, dabei muss die Schlaufe jedes Mal um den Hakenbogen geführt werden.

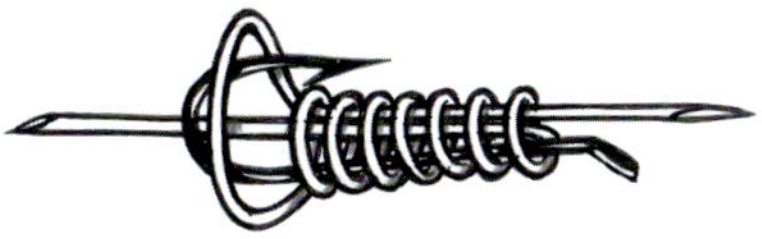

Schritt 3

Es werden insgesamt acht Wicklungen vorgenommen. Der Hilfsknoten kann natürlich etfernt werden, sobald das Gebilde fest genug ist, um nicht mehr zu verrutschen. Von Wicklung zu Wicklung wird die Verbindung immer enger gezogen.

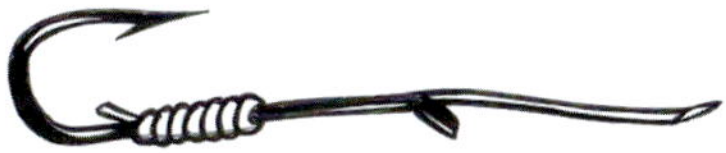

Schritt 4

Wenn die Windungen sauber gewickelt wurden und eng anliegen, wird die Schnur an beiden Enden in die unterschiedlichen Richtungen fest angezogen. Anschließend wird das überstehende Ende unterhalb des Hakens eingekürzt.

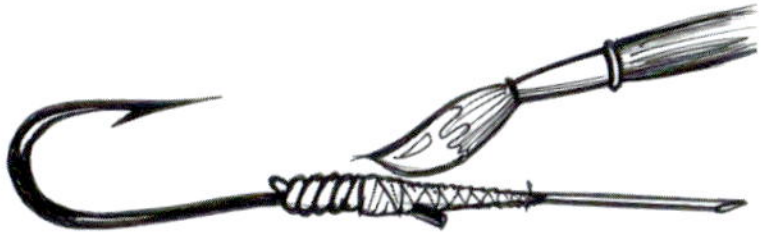

Schritt 5

Beim Originalknoten wird nun mit geflochtener Schnur ein Knotenschutz gebunden. Hierfür wird die Schnur Wicklung für Wicklung mit einem Überhandknoten gesichert und zum Abschluss mit wasserfestem Lack versehen. Heutzutage gibt es im Fachhandel allerdings hierfür verschiedene Knotenschutz-Röhrchen zu kaufen, die die Arbeit erleichtern. Natürlich ist dies ein Knoten nicht nur zum Thunfischangeln, sondern er ist grundsätzlich für das schwere Meeresangeln geeignet.

Turle-Knoten

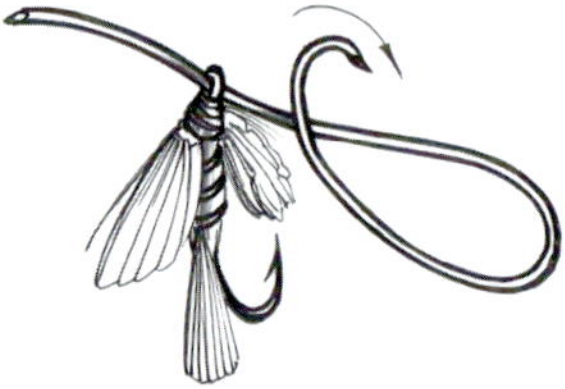

Schritt 1

Dies ist ein Knoten, um beim Fliegenfischen die Fliege relaiv einfach an der Schnur befestigen zu können. Die Vorfach-Schnur wird von außen nach innen, also zur Hakenspitze hin, durch das Öhr gefädelt, und es wird dann eine Schlaufe gebildet.

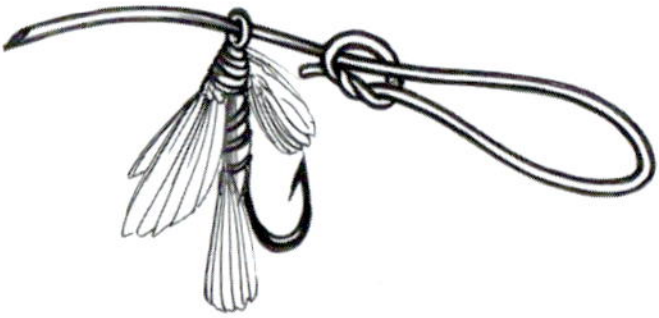

Schritt 2

Nun werden ein bis zwei Wicklungen für den Schlaufenknoten gelegt. Dabei bleibt der Knoten aber locker, da er erst später festgezogen wird. Die Schlaufe muss eine Größe haben die ausreicht, um über Haken inklusive Fliege gezogen zu werden, ohne die Fliege zu verletzen.

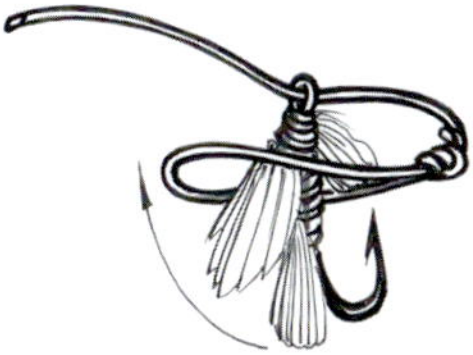

Schritt 3
Nun wird die Schlaufe über den Haken mit der Fliege gezogen, sodass der Schlaufenknoten an der Innenseite des Öhrs liegt.

Schritt 4
Jetzt kann der Haken gehalten und die Schnur angezogen werden, und schon sitzt die Fliege. Natürlich können Fliegen auch mit anderen Knoten an die Schnur gebracht werden, aber dieser Knoten eignet sich sehr gut für einen schnellen Wechsel der Fliegenmuster.

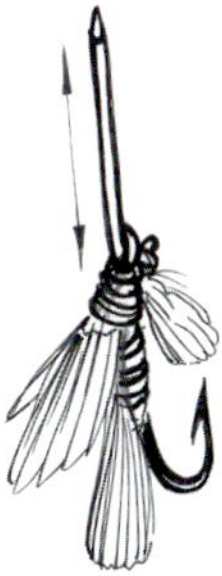

Quetschhülsen-Verbindung

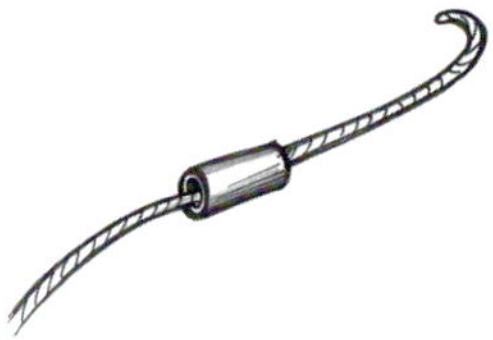

Schritt 1

Die Quetschhülsen-Verbindung wird vor allem bei Stahlvorfächern genutzt, kommt aber auch beim schwereren Fischen mit Hardmono-Schnur zum Einsatz. Zuerst wird das Vorfach einfach durch die Hülse geführt.

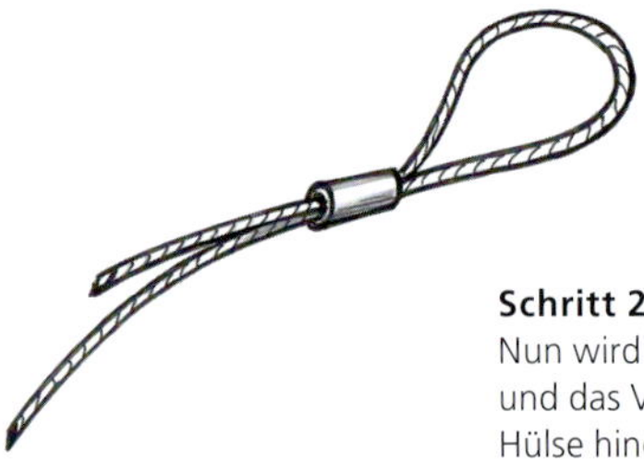

Schritt 2

Nun wird eine Schlaufe gebildet und das Vorfach wieder durch die Hülse hindurchgeführt.

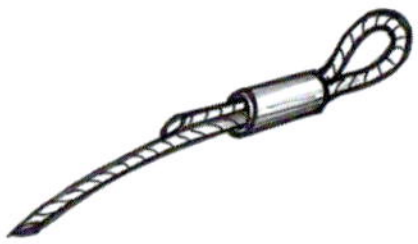

Schritt 3

Je nach Verwendungszweck kann die Schlaufe unterschiedlich groß gewählt werden. Sicherheitsfanatiker und Feinmotoriker dürfen gern das Vorfach nun noch einmal in die Hülse zurückführen, sodass die Schnur sogar dreimal in der Hülse steckt.

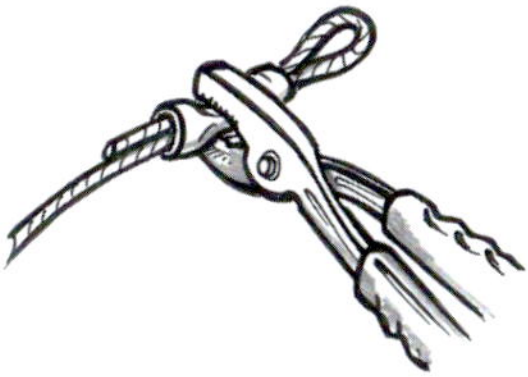

Schritt 4
Jetzt kommt die Quetschzange zum Einsatz. Die Kombination aus modernen Materialien und modernen Werkzeugen führt dazu, dass die Quetschhülse, anders als früher, nur einmal kräftig mit der Zange gequetscht werden muss, und schon ist das Ganze fertig. Achtung, nicht vergessen: Ein Stahlvorfach hat zwei Enden, also muss alles zweimal ausgeführt werden.

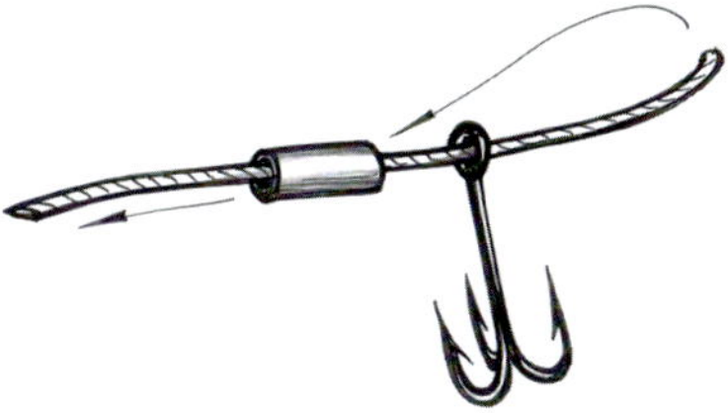

Haken oder Wirbel
Ein Vorteil der Quetschhülsen-Verbindung ist, dass man gegebenenfalls Wirbel oder Haken direkt einschlaufen kann. Dafür darf man nur nicht vergessen, den Haken oder Wirbel mit aufzufädeln, bevor die Quetschung vollzogen wird. Also: Vorfach durch die Hülse fädeln, dann durch die Öse und dann alle Schritte wie oben beschrieben.

Heißer Twist

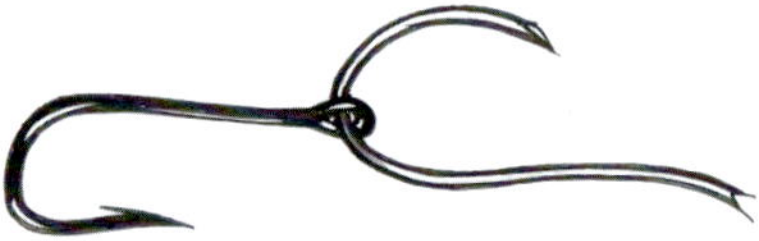

Schritt 1
Eine weitere Methode, um Stahlvorfächer mit Haken oder Wirbeln zu verbinden, ist der heiße Twist. Diese Methode ist aber speziell für ummantelte Stahlvorfächer gedacht. Vorfach von innen nach außen, also von der Hakenspitze nach außen durch das Öhr fädeln. Sicherer ist es, das Vorfach zweimal durchzufädeln.

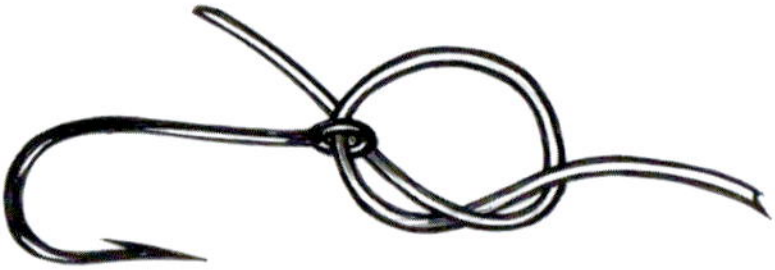

Schritt 2
Vorfach-Ende durch die entstandene Schlaufe führen und nun vom Öhr an der Hauptschnur nach oben wickeln, 5- bis 8-mal.

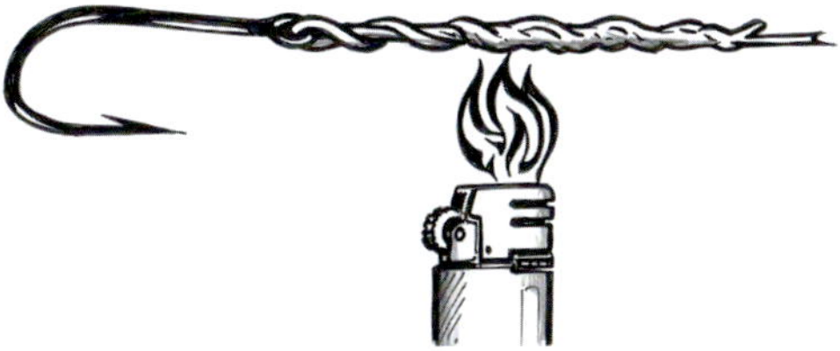

Schritt 3

Nun zuerst das Ganze anziehen und dann mit einem Feuerzeug vorsichtig erhitzen. Die Kunststoffummantelung soll schmelzen, aber nicht brennen. Nach dem Abkühlen ist eine feste Versiegelung entstanden.

STAHLVORFACH

Der heiße Twist wird heute nicht mehr häufig verwendet, vor allem, weil die modernen Materialien für das Quetschen qualitativ so hochwertig geworden sind. Aber jeder Angler hat schon mal Material zu Hause vergessen, dann ist es gut zu wissen, wei man sich ohne Hülsen oder Quetschzange zu helfen weiß.

Fat-Mono-Knoten

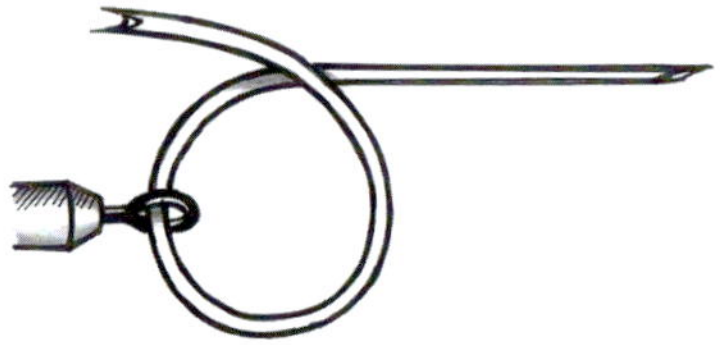

Schritt 1
Ein wirklich einfacher Knoten. Aber wer schon mal versucht hat, die richtig dicken Schnüre zu knoten, weiß, dass dies nicht einfach ist. Mit diesem einfachen Knoten ist viel Haltbarkeit gewährt.

Die dicke Schnur wird zuerst einmal einfach durch das Öhr des Hakens oder Wirbels gefädelt.

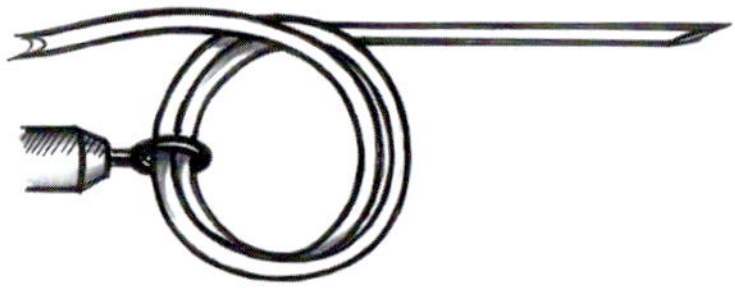

Schritt 2
Das Schnurende wird nun ein zweites Mal durch das Öhr gefädelt. So entsteht eine doppelte Schlaufe.

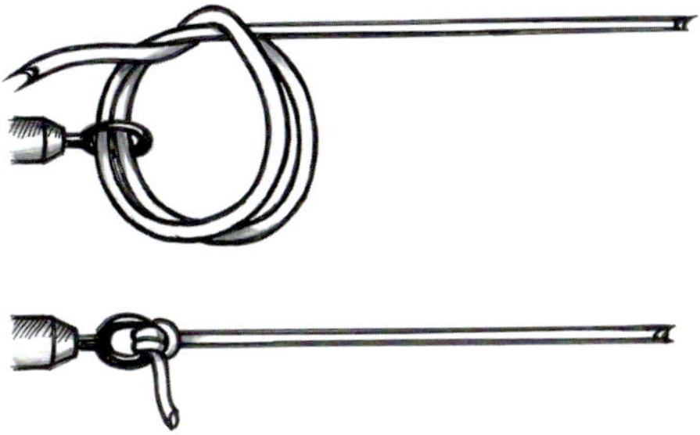

Schritt 3
Das Schnurende wird nun durch die Schlaufe gezogen und das Ganze wird langsam und vorsichtig zusammengezogen.

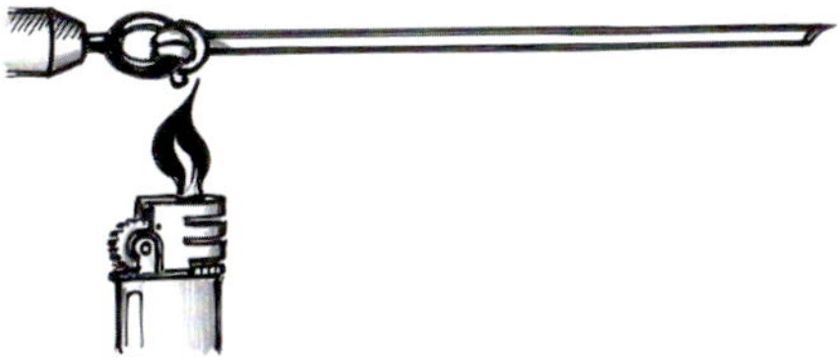

Schritt 4
Nun wird der Knoten angefeuchtet und fest zusammengezogen. Das überstehende Ende wird gekürzt. Hier ist es relativ wichtig, das Ganze mit Hitze einzuschmelzen, um ein Durchrutschen zu verhindern. Nur wenn man diesen Knoten mit einem Stahlvorfach macht, reicht natürlich das normale Einkürzen.

Offshore-Knoten

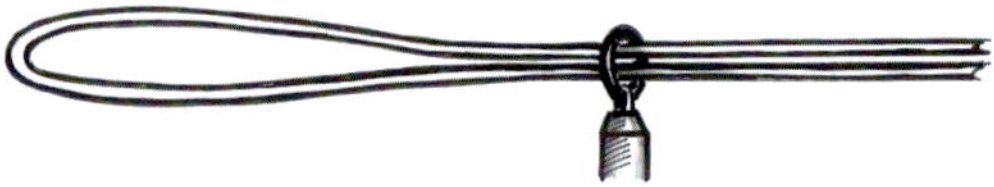

Schritt 1
Auch dies ist ein Knoten von sehr hoher Stabilität, der allerdings nicht unbedingt für die feine Fischerei gedacht ist.

Man bildet eine Schlaufe von circa 20 Zentimetern und führt diese durch das Öhr des Hakens oder Wirbels.

Schritt 2
Die Schlaufe wird nun zurückgelegt, sodass zwei übereinanderliegende Schlaufen entstehen.

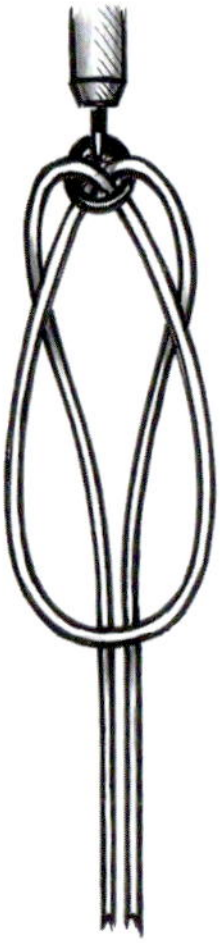

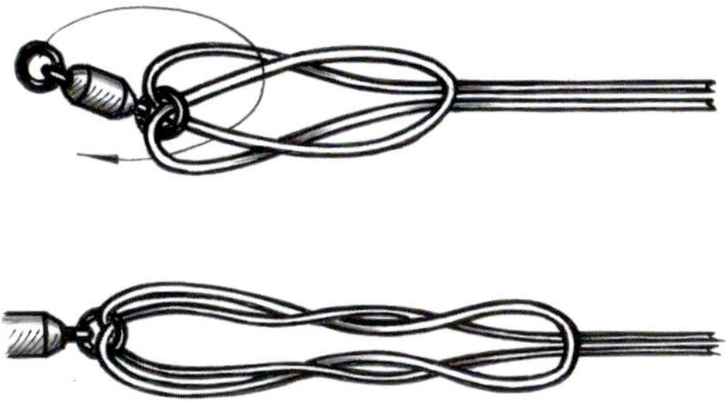

Schritt 3
Der Wirbel/Haken wird nun durch die Doppelschlaufe immer wieder hindurchgeführt.

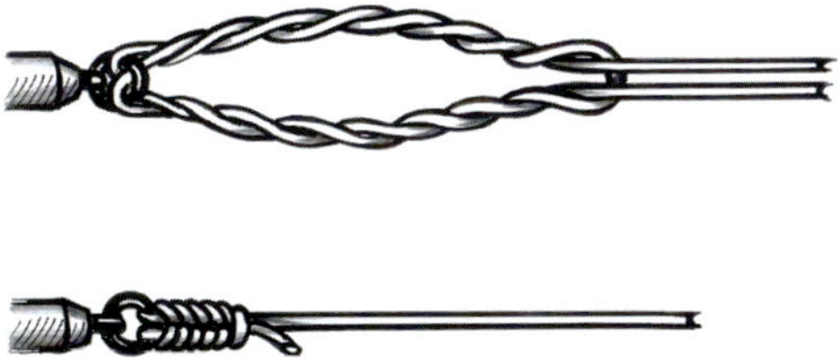

Schritt 4
Je nach Dicke der Schnur werden vier bis sieben Windungen geschlagen, dann wird das Ganze wie üblich erst leicht zusammengezogen und dann angefeuchtet, festgezogen und gekürzt.

Martins-Knoten

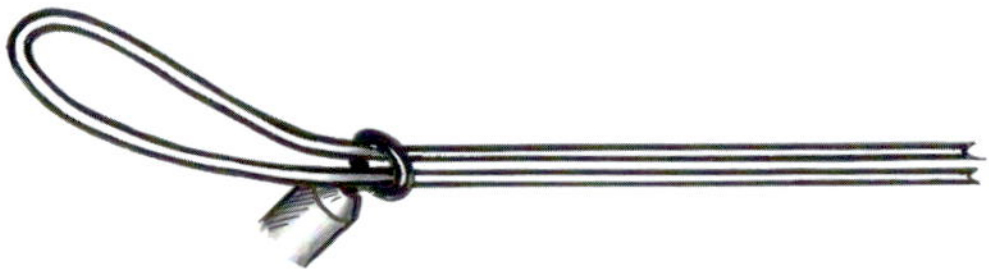

Schritt 1
Dieser Knoten wurde einst als bester neuer Knoten auf einer Weltausstellung ausgezeichnet. Der Erfinder war ein Herr Martin, daher der Name. Wieder wird die Schnur zu einer Schlaufe gelegt und die Schlaufe durch das entsprechende Öhr gezogen.

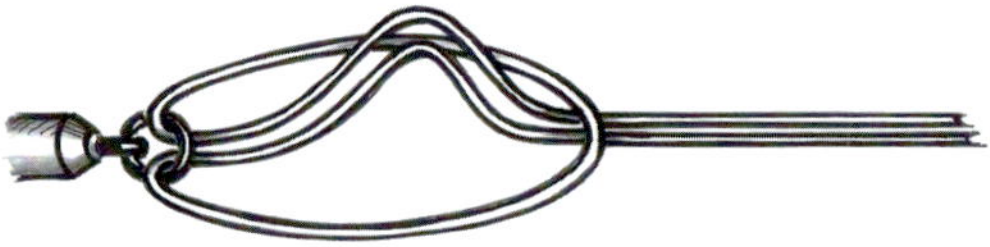

Schritt 2
Jetzt wird die Schlaufe über die doppelt liegende Schnur gelegt, und die doppelt liegenden Schnüre werden nach oben durch die Schlaufe angehoben.

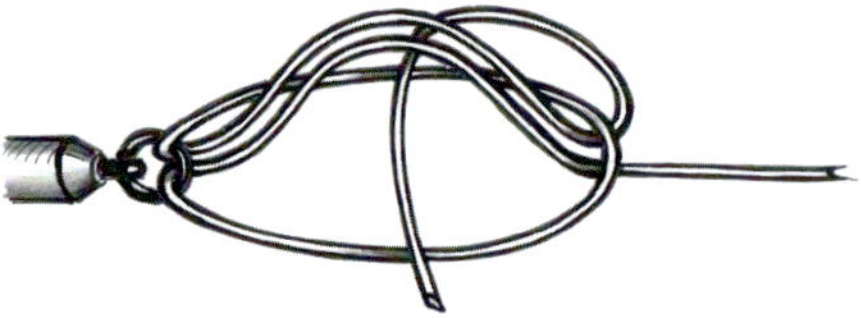

Schritt 3
Das Schnurende wird nun unter der angehobenen Schnur hindurchgeführt.

Schritt 4
Jetzt wird das Schnurende noch einmal durch die zuletzt entstandene Schlaufe hindurchgeführt, und dann wird das Ganze leicht zusammengezogen.

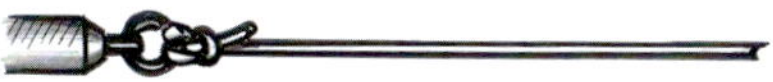

Schritt 5
Jetzt wird auch dieser Knoten angefeuchtet, festgezogen und eingekürzt.

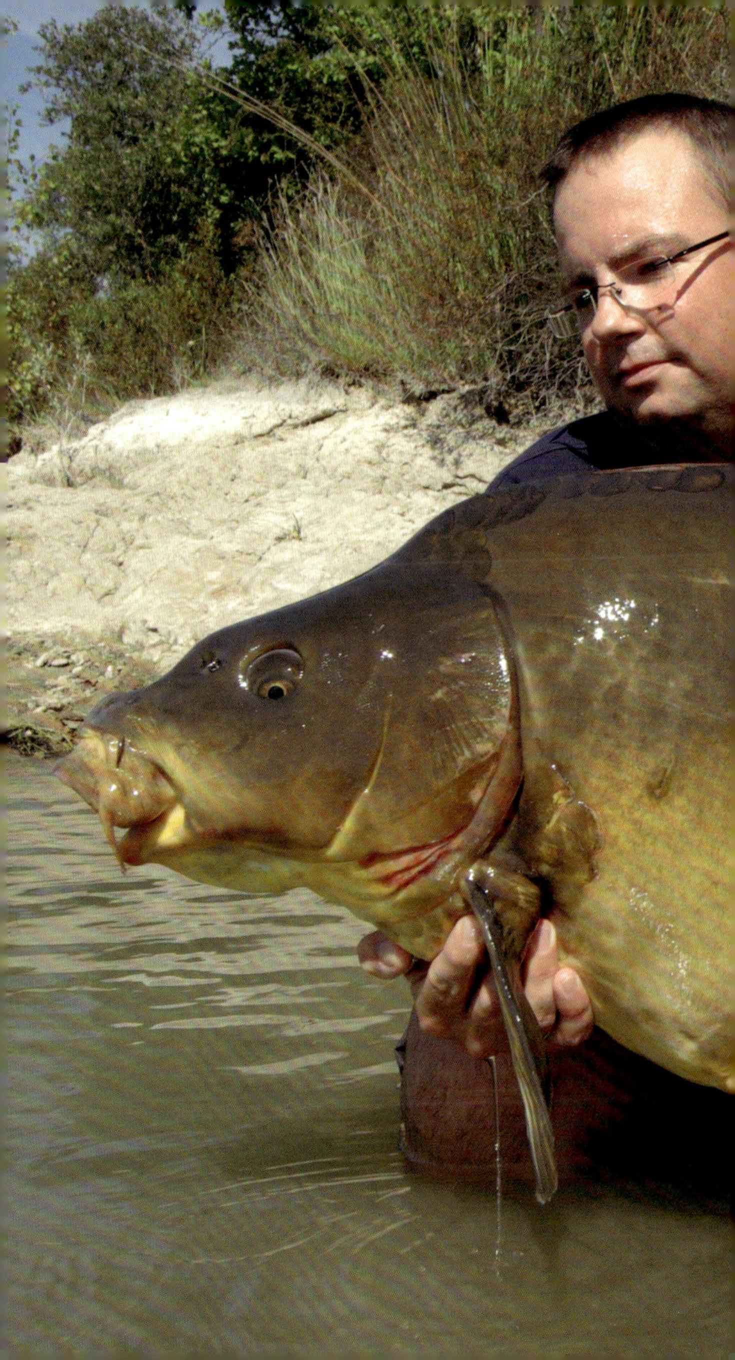

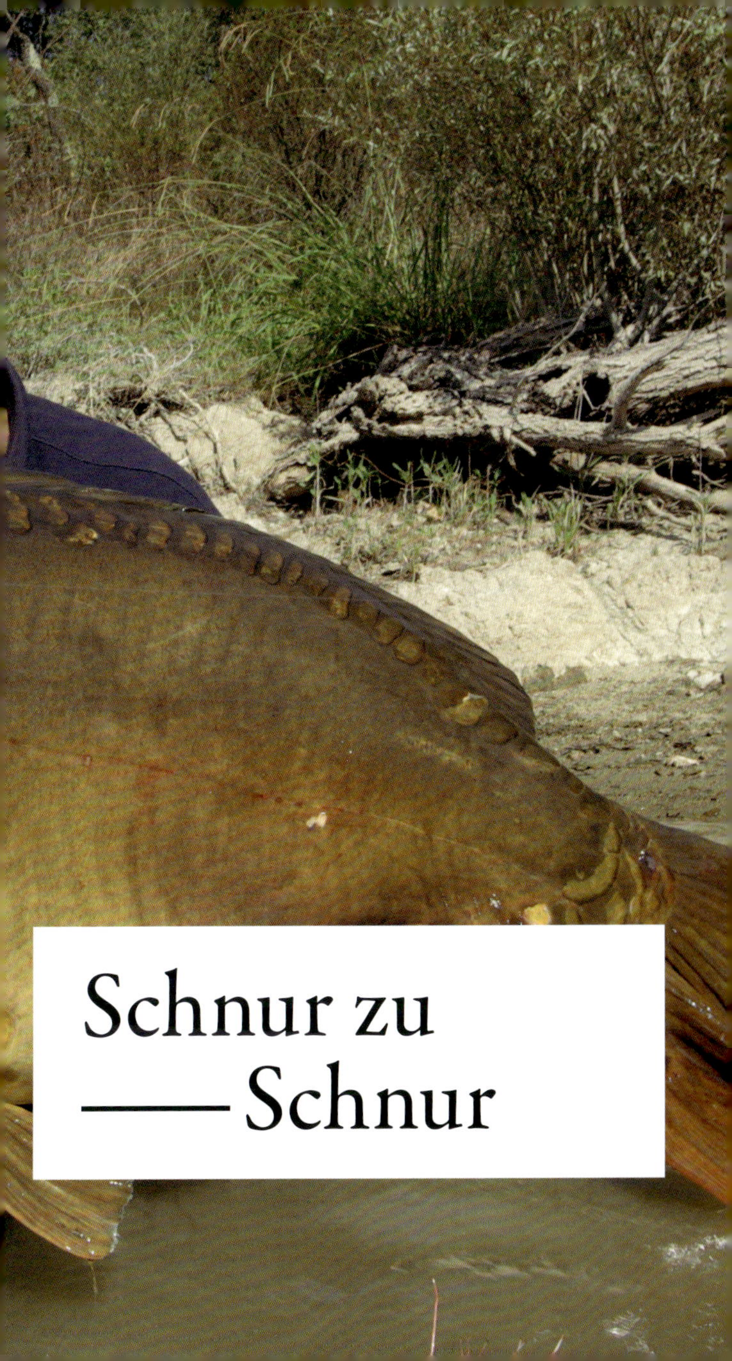

Schnur zu — Schnur

Blutknoten

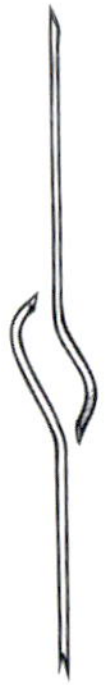

Schritt 1
Der bekannteste aller Schnur-zu-Schnur-Knoten mit einer Tragfähigkeit von circa 80 %. Er ist für ungefähr gleich dicke Schnüre geeignet. Die beiden Enden der zu verbindenden Schnüre werden aufeinander zugeführt, und dann werden die Schnüre parallel nebeneinandergelegt.

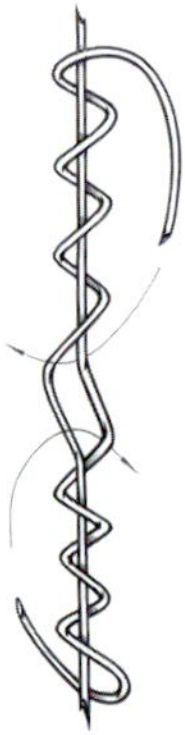

Schritt 2
An der Mitte der Stelle, an der die Schnüre parallel liegen, mit einer Hand die Schnüre festhalten, damit sie sich beim Wickeln nicht mitdrehen können. Nun das eine Schnurende, je nach Dicke der Schnur, 3- bis 5-mal vom Haltepunkt aus nach oben um die andere Schnur wickeln und dann das Ende zum Haltepunkt zurück und durch die Schnüre führen. Jetzt das Ganze so festhalten und mit dem anderen Schnurende genauso verfahren, aber von der anderen Seite beginnen, sonst wickelt sich alles wieder auf.

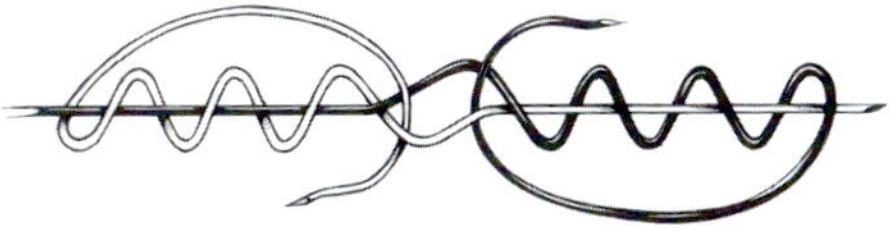

Schritt 3

Wenn die Schnüre gegeneinder gewickelt und durch die Haltestelle geführt sind, kann das Ganze vorsichtig angezogen werden. Der Knoten muss sehr genau gewickelt werden, damit die Wicklungen nicht aneinander scheuern. Am besten funktioniert das, wenn man das zweite Schnurende direkt nach dem Durchfädeln leicht anzieht, dann kann sich nichts mehr lösen und man verfährt mit dem ersten Schnurende dann genauso.

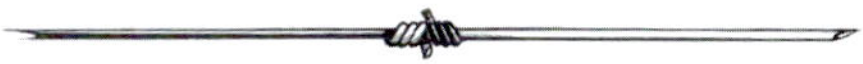

Schritt 4

Wenn der Knoten vorsichtig zusammengezogen wurde, kann er befeuchtet und festgezogen werden. Sind die Wicklungen sauber gelegt, entsteht ein relativ kleiner Knoten und die Enden stehen einmal nach oben und einmal nach unten ab und können eingekürzt werden.

Doppelter Grinnerknoten

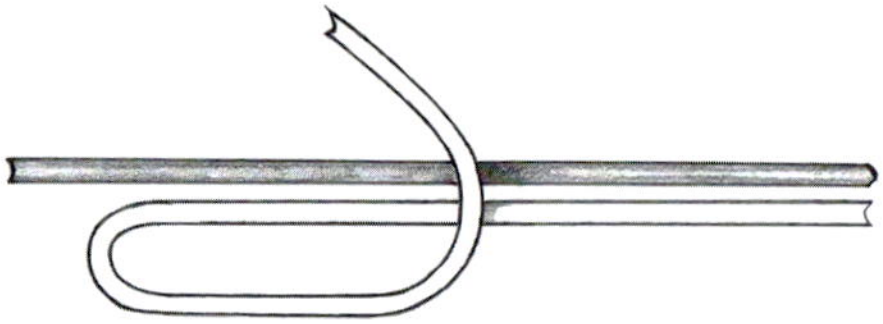

Schritt 1

Dieser Knoten eignet sich auch für Schnüre mit unterschiedlicher Dicke, wenn also beispielsweise eine dicke Schlagschnur vorgeschaltet werden soll oder wenn eine monofile und eine geflochtene Schnur verbunden werden sollen.

Der Knoten hat eine Tragfähigkeit von ungefähr 75 %.

Legen Sie zuerst die Schnüre nebeneinander, sodass sie circa 20 Zentimeter überlappen. Nun mit einem Schnurende eine Schlaufe legen und mit einer Hand halten.

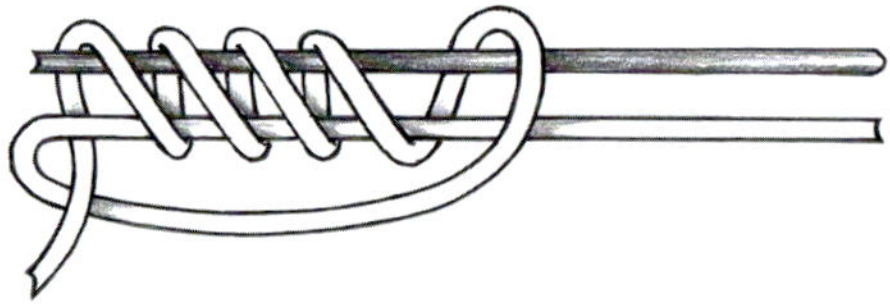

Schritt 2

Nun das Schnurende immer wieder durch die Schlaufe und um beide Schnüre wickeln, je nach Dicke der Schnur 3- bis 6-mal.

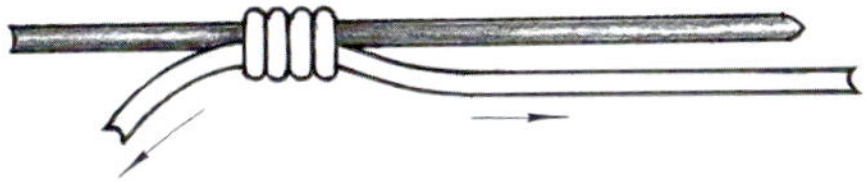

Schritt 3
Am Ende von Schritt 2 den ersten Knoten schon leicht festziehen.

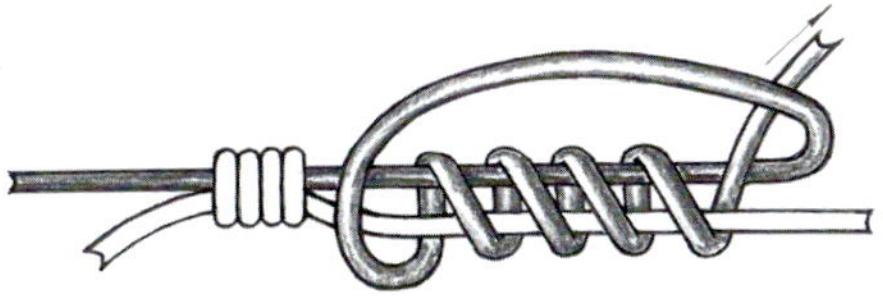

Schritt 4
Nun das Ganze mit dem anderen Schnurende wiederholen. Achtung: Versuchen Sie nicht zwanghaft, die gleiche Anzahl von Wicklungen hinzubekommen. Da der Knoten für unterschiedlich dicke Schnüre geeignet ist, sind auch unterschiedlich viele Wicklungen nötig.

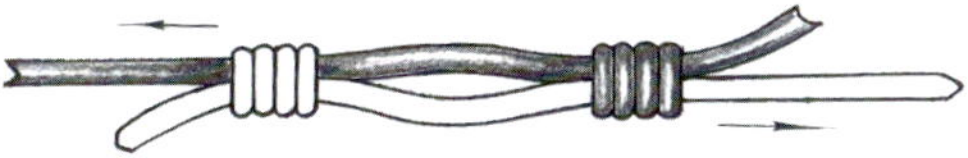

Schritt 5
Sind beide Knoten leicht festgezogen, feuchten Sie die Schnüre an und ziehen die beiden Hauptstränge in entgegengesetzte Richtung, wodurch sich die Knoten in der Mitte zu einem Knoten zusammenziehen.

Albright-Knoten

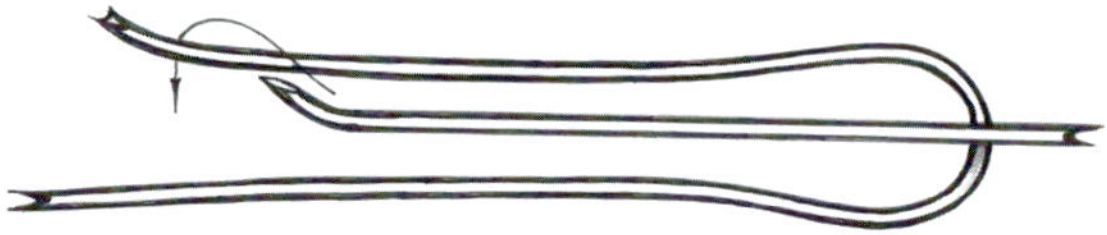

Schritt 1
Auch ein Knoten für unterschiedliche Schnurtypen, eignet sich auch, um ein Stahlvorfach mit einer Hauptschnur zu verknoten. Die Tragkraft liegt bei 90 %.

Mit der dickeren oder steiferen Schnur eine Schlaufe legen und die andere Schnur darüberlegen.

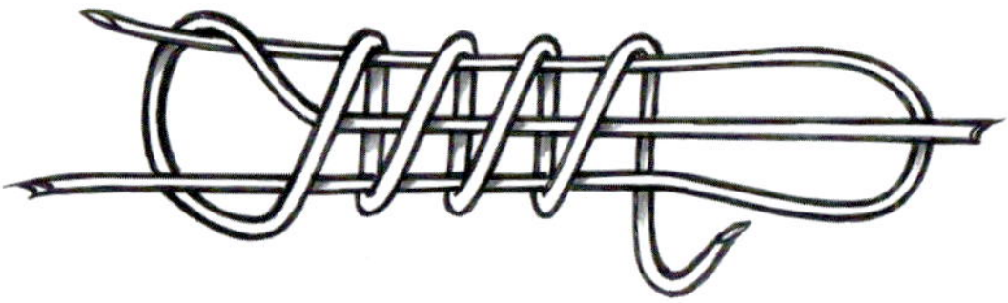

Schritt 2
Am Bogen der Schlaufe die beiden Schnüre festhalten und nun das Ende der dünneren Schnur um beide Schlaufenstränge und das lange Ende der eigenen Schnur wickeln.

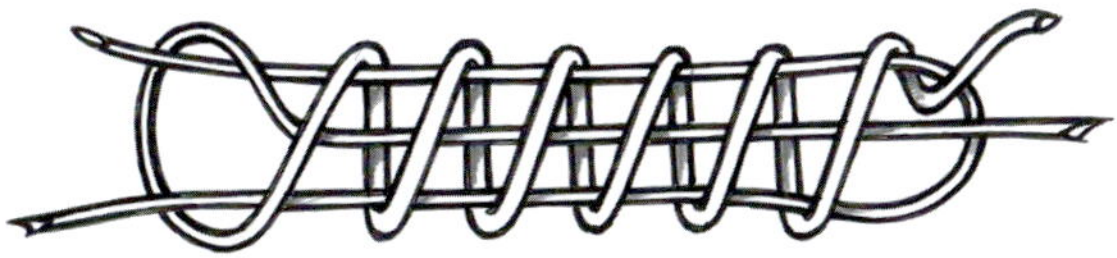

Schritt 3
Nach ungefähr acht Wicklungen das Ende der dünneren Schnur durch die Schlaufe ziehen und leicht anziehen.

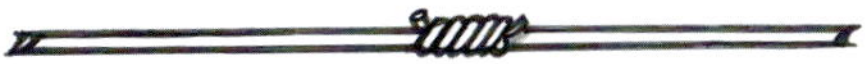

Schritt 4
Schnur befeuchten und festziehen, Schnurenden einkürzen. Es entsteht auch bei Schnüren mit völlig verschiedener Beschaffenheit ein relativ dünner Knoten, der leicht durch die Rutenringe gleitet.

Nadelknoten

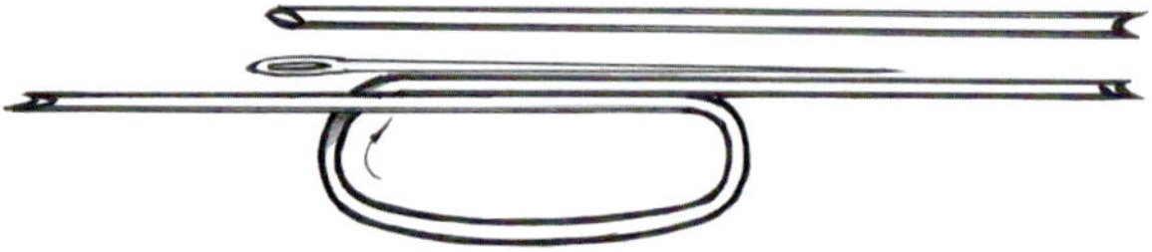

Schritt 1

Der Nadelknoten kommt nur beim Fliegenfischen zum Einsatz, er verbindet das Vorfach mit der Fliegenschnur. Als Hilfsmittel ist eine dicke Nähnadel nötig.
Vorfach und Fliegenschnur werden nebeneinandergelegt, dabei schauen beide Schnurenden in unterschiedliche Richtungen. Nun wird mit dem Vorfach eine Schlaufe gelegt. Zwischen die Fliegenschnur und das Vorfach legt man die Nadel, die Spitze schaut zum langen Ende der Fliegenschnur, das Öhr zum langen Ende des Vorfachs.

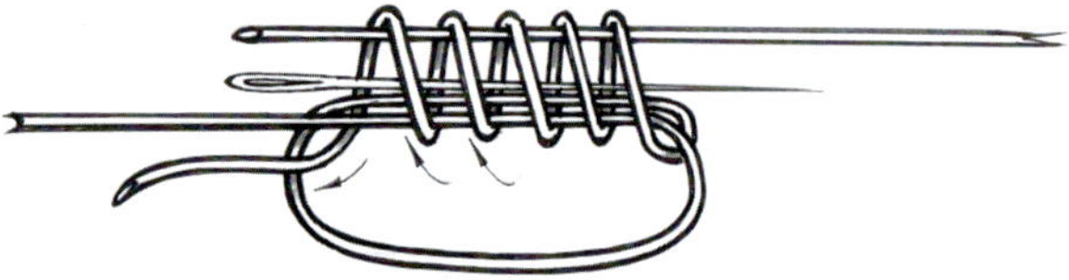

Schritt 2

Das Vorfachende nun in die Schlaufe fädeln. Nun das Vorfach mindestens 5-mal um die Fliegenschnur, die Nadel und in die Schlaufe wickeln.

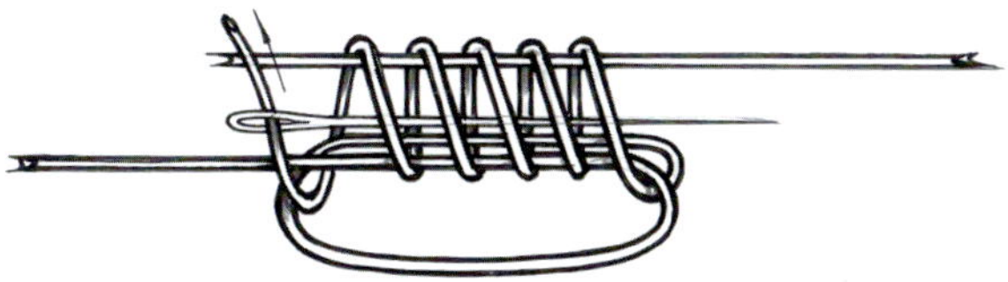

Schritt 3
Am Ende der Wicklungen das Vorfach durch das Öhr der Nähnadel fädeln.

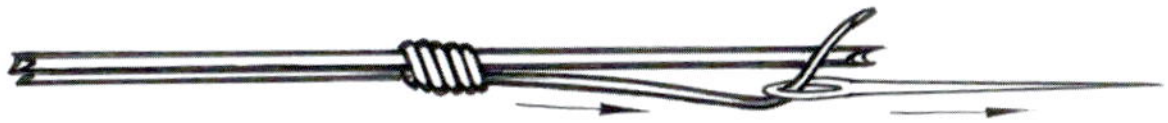

Schritt 4
Nun die Nadel samt Vorfach durch das gesamte Konstrukt ziehen. Es gibt auch die Variante mit dem Durchstechen der Fliegenschnur, ich persönlich mag das nicht so, da ich der Meinung bin, dass jede Verletzung der Schnur eine unnötige Sollbruchstelle bildet.

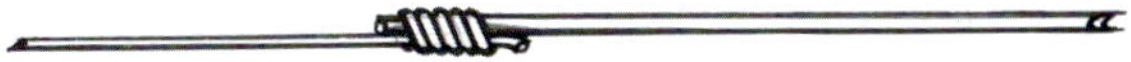

Schritt 5
Schnur befeuchten und fest anziehen, sodass die Fliegenschnur fest gequetscht wird. Vorfach-Ende einkürzen. Die Tragkraft dieses Knotens beträgt circa 90 %.

Kanada-Knoten

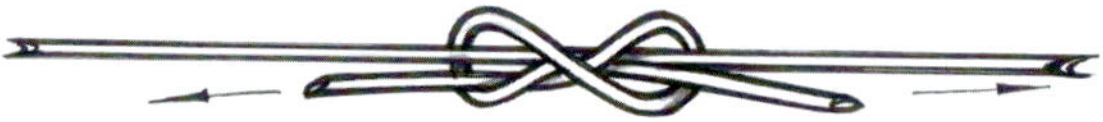

Schritt 1
Ein beliebter Knoten, um zwei unterschiedlich dicke Materialien zu verbinden, zum Beispiel Stahlvorfach mit Hauptschnur.
Zuerst einen doppelten Überhandknoten in die dickere Schnur binden und leicht anziehen, sodass eine „Acht“ entsteht. Durch diese „Acht“ die dünnere Schnur hindurchziehen, circa 20 Zentimeter.

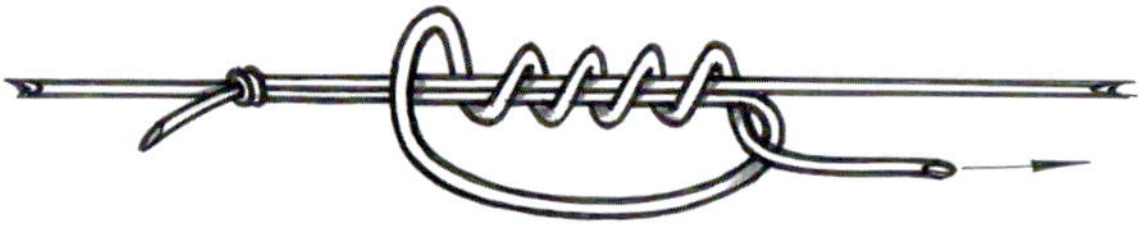

Schritt 2
Den Überhandknoten in der dickeren Schnur, beispielsweise Stahlvorfach festziehen und einkürzen. Nun mit der dünneren Schnur eine Schlaufe bilden und fünf Windungen durch die Schlaufe und um beide Schnüre legen. Am Ende durch die Schlaufe ziehen.

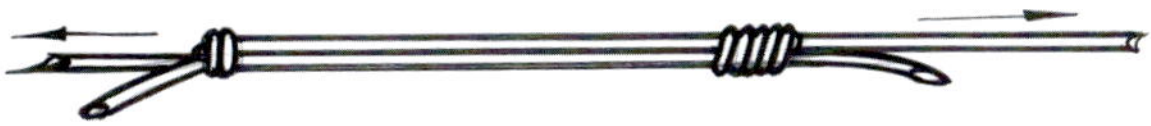

Schritt 3

Auch den Knoten in der dünneren Schnur jetzt leicht anziehen. Beide Einzelknoten anfeuchten und nun beide Schnurenden in unterschiedliche Richtungen ziehen.

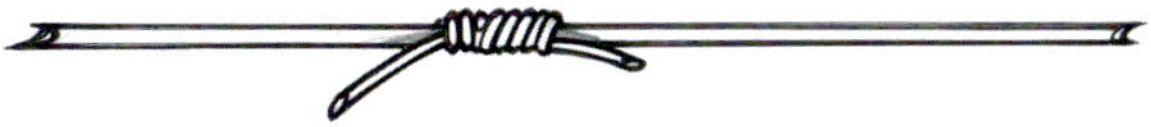

Schritt 4

Beim Ziehen an den Schnurenden rutschen die beiden Knoten zusammen, jetzt sollte noch einmal angefeuchtet werden, bevor das Ganze fest angezogen wird. Dünnen Schnurknoten ebenfalls einkürzen und fertig. Der Knoten wird auch beim Brandungsangeln gern verwendet, um Schlagschnüre vorzuschalten. Er besitzt eine Tragkraft von circa 75 %.

Fassknoten

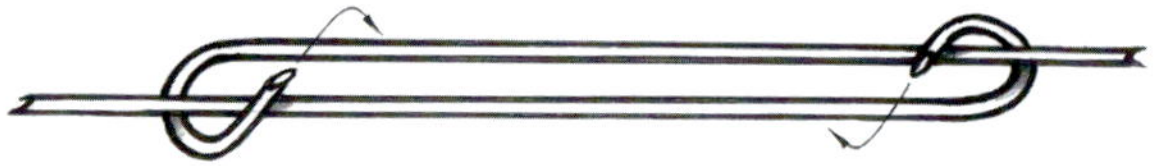

Schritt 1
Es handelt sich hierbei um einen sehr haltbaren Knoten für zwei ungefähr gleichstarke Schnüre. Die beiden Schnüre werden circa 35 Zentimeter überlappend parallel nebeneinandergelegt.

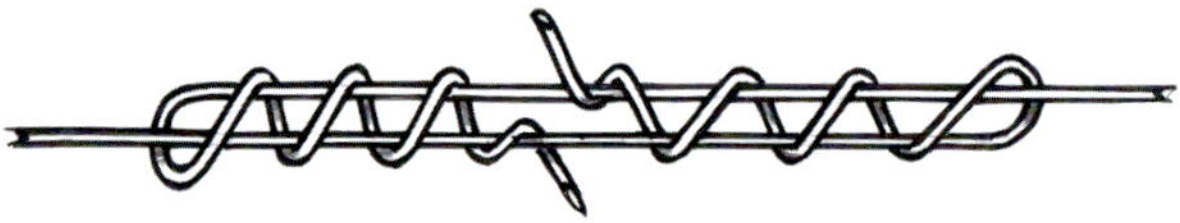

Schritt 2
Nun werden jeweils drei bis fünf Windungen vom Schnurende aufeinander zu um beide Schnüre gewickelt. Zum Schluss wird das jeweilige Schnurende zwischen beide Schnüre gefädelt und beide so entstandenen Knoten werden leicht angezogen.

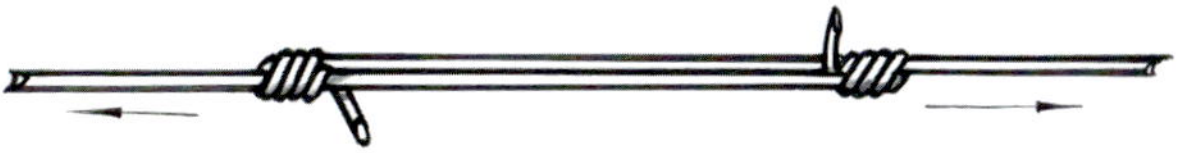

Schritt 3
Beide Knoten leicht anfeuchten und die beiden Schnüre in entgegengesetzte Richtungen ziehen.

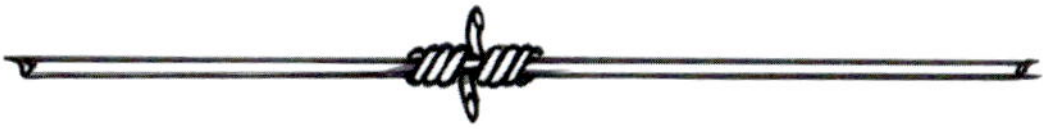

Schritt 4
Durch das Ziehen der Schnüre in unterschiedliche Richtungen rutschen die beiden Knoten zusammen. Nun erneut befeuchten und dann fest anziehen.

Chirurgenknoten

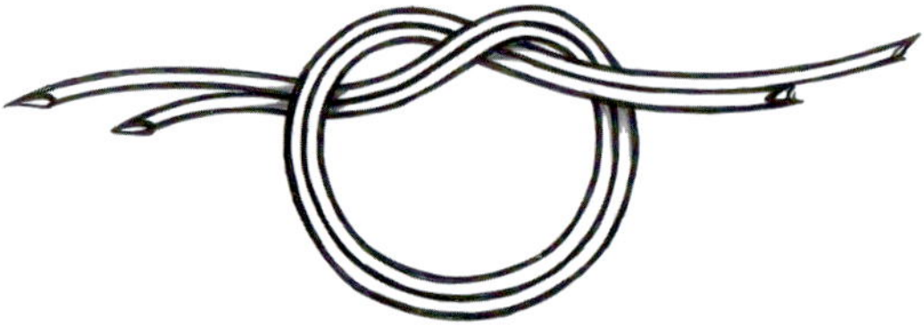

Schritt 1
Ein perfekter Knoten, um zwei kurze Schnüre miteinander zu verbinden, also beispielsweise zum Bauen eines verjüngten Fliegenvorfachs oder beim Karpfenangeln für ein Combi-Link.
Beide Schnüre parallel zueinander legen und eine Schlaufe bilden.

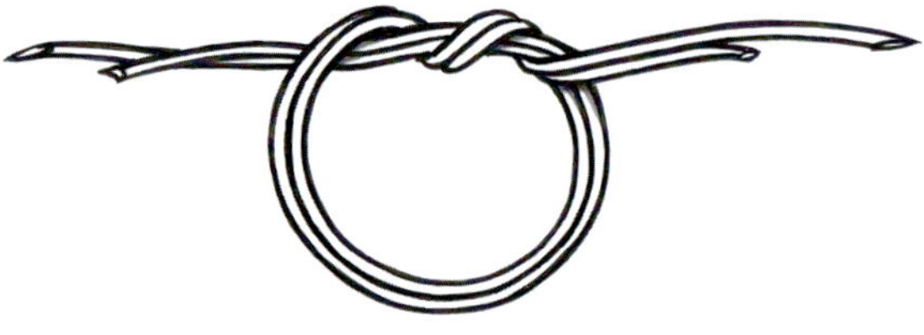

Schritt 2
Beide Schnüre 2- bis 5-mal durch die Schlaufe winden und dann leicht anziehen.

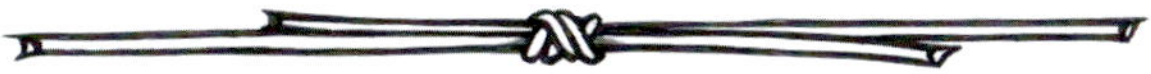

Schritt 3
Nun den Knoten anfeuchten und festziehen, fertig.

KURZE SCHNÜRE
Da beide Schnüre durch dieselbe Schlaufe gewunden werden, kann man mit diesem Knoten nur zwei kurze Schnüre miteinander verbinden, denn eine 300 Meter lange Hauptschnur dreimal durch eine Schlaufe zu winden, wird echt schwer. Für kurze Schnüre ist dies aber ein sehr einfacher und schneller Knoten mit circa 70 % Tragkraft.

Doppelschlaufen-Knoten

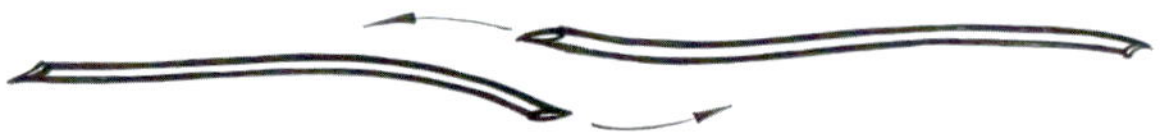

Schritt 1

Ein Knoten, der sich für unterschiedlich dicke Schnüre eignet. Die Schnüre werden parallel zueinander gelegt.

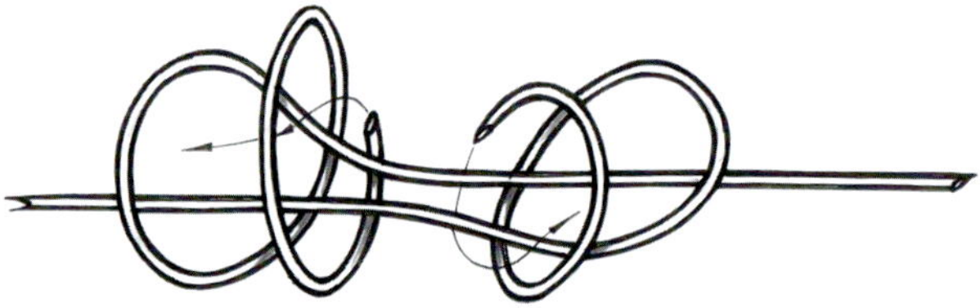

Schritt 2

Nun wird erst mit dem einen Ende eine Schlaufe gelegt und das Schnurende um beide Schnüre gewickelt, gern auch 2- oder 3-mal, um schließlich das Schnurende wieder durch die Schlaufe zu führen. Das Ganze wird mit dem anderen Schnurende wiederholt.

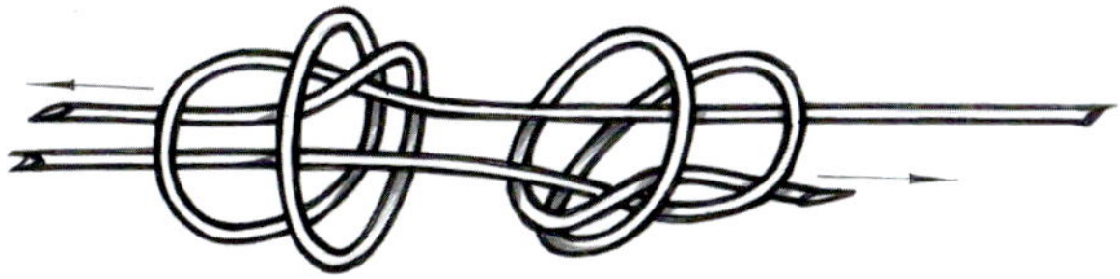

Schritt 3
Abhängig von der Schnurdicke können die Windungen an beiden Schnurenden natürlich unterschiedlich häufig gelegt werden. Beide Schlaufenknoten werden nun leicht angezogen.

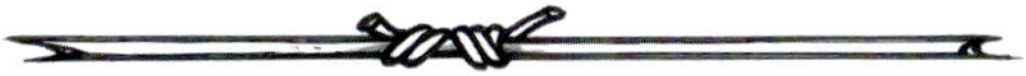

Schritt 4
Als letzten Schritt die Knoten anfeuchten und dann die Schnüre in unterschiedliche Richtungen anziehen. Die Knoten rutschen zueinander und ziehen sich fest. Enden einkürzen, fertig.

Composite-Knoten

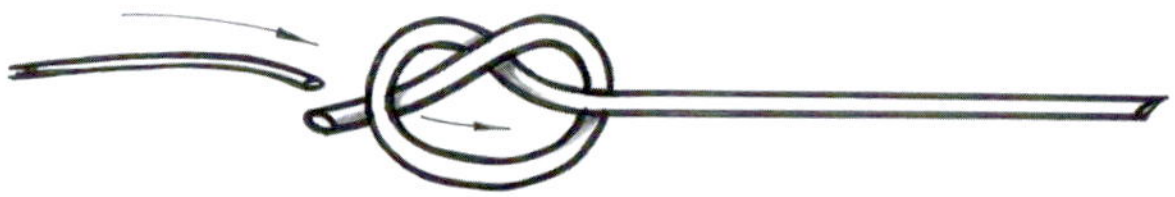

Schritt 1

Der Composite-Knoten ist ein einfacher, aber sehr starker Knoten zum Verbinden zweier eher ungleich dicker Schnüre.
In die dickere Schnur wird ein einfacher Überhandknoten geschlagen, der aber nicht festgezogen wird, es bleibt also eine Öffnung, durch die die dünnere Schnur hindurchgefädelt wird, und zwar circa 20 bis 25 Zentimeter.

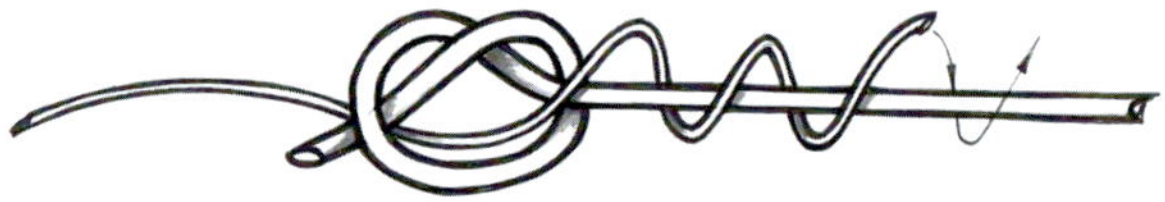

Schritt 2

Ist die dünnere Schnur durchgefädelt, werden, angefangen vom Überhandknoten, drei bis sechs Windungen um die dicke Schnur herumgelegt.

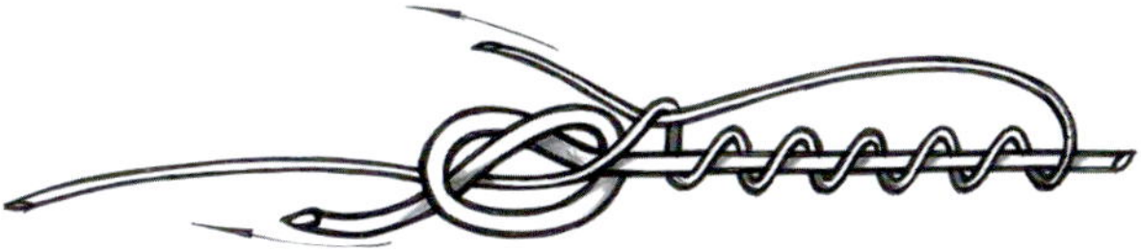

Schritt 3

Nachdem die Windungen gelegt worden sind, wird das Schnurende zurück zur ersten Windung geführt und hier vor dem Überhand-Knoten durch die Schnur geführt.

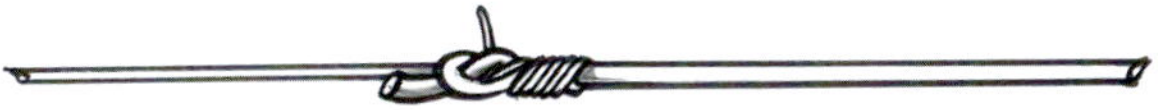

Schritt 4

Nun wird zuerst der Überhand-Knoten leicht angezogen und anschließend der Knoten der dünneren Schnur angezogen. Das Ganze wird nun befeuchtet und beide Schnüre in entgegengesetzte Richtungen gezogen, sodass die Knoten zusammenrutschen und sich festziehen.

Jam-Knoten

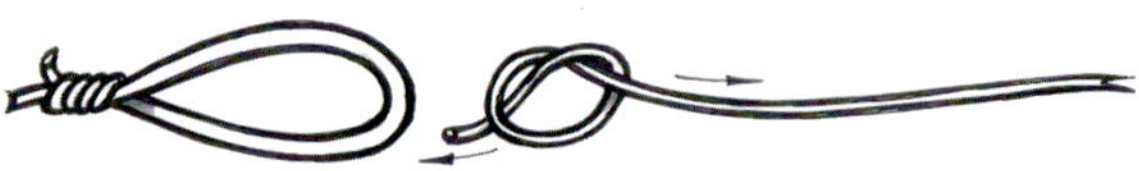

Schritt 1
Sehr einfacher Knoten zum Verbinden von Flugschnur und Vorfach. Der Knoten ist so einfach, dass er bei jeder Witterung auch am Wasser gelingt.
In die Flugschnur wird eine Schlaufe mittels Schlaufenknoten gebunden. Wie das geht, erfahren Sie direkt beim ersten Knoten des nächsten Kapitels. In das Vorfach wird ein einfacher Überhandknoten gebunden.

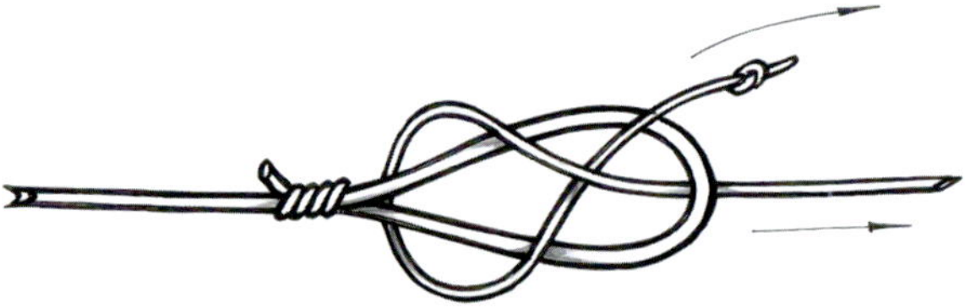

Schritt 2
Der Überhandknoten wird sofort angefeuchtet und festgezogen. Nun wird das Vorfach einmal um die Schlaufe herumgeführt und dann durch die entstandene Öffnung einmal unter der Vorfachschnur und einmal über der Flugschnur durchgeführt.

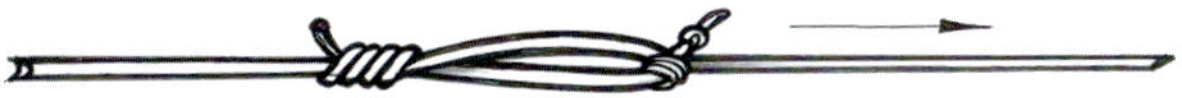

Schritt 3
Das Vorfach wird nun angezogen, wodurch sich die Schnur vor dem Überhandknoten festzieht.

FLUGSCHNUR
Dieser Knoten kann unter Umständen natürlich auch mit anderen Schnüren funktionieren, allerdings ist der Knoten sehr abhängig davon, dass die Flugschnur aus flexiblem Kunstoff besteht und dieser gequetscht wird, was zur Festigkeit beiträgt. Bei unflexiblen Schnüren arbeitet der Knoten und kann sich so lösen.

Schlaufenverbindung

Schritt 1
Die Schlaufenverbindung ist eine tolle und schnelle Möglichkeit, eine Hauptschnur mit einem Vorfach zu verbinden. Man benötigt hierfür die Kenntnisse, einen Schlaufenknoten zu binden. Dieser Schlaufenknoten ist der erste Knoten des folgenden Kapitels. Für die Schlaufenverbindung benötigen wir eine Hauptschnur und ein Vorfach, die mit einem Schlaufenknoten ausgerüstet sind. Nun wird die Schlaufe der Hauptschnur in die Schlaufe des Vorfachs eingefädelt.

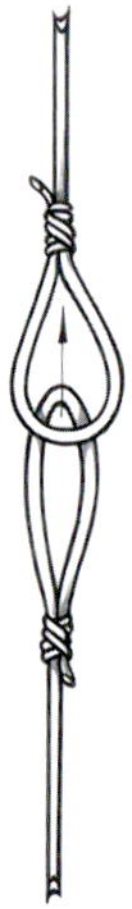

Schritt 2
Jetzt wird das Vorfach komplett durch die Schlaufe der Hauptschnur gezogen. Lässt man die Hauptschnur-Schlaufe groß genug, kann man das Vorfach samt Haken durch die Schlaufe ziehen, im anderen Fall muss der Haken nach dem Einschlaufen an das Vorfach geknotet werden. Knoten hierfür finden Sie im ersten Kapitel des Buches.

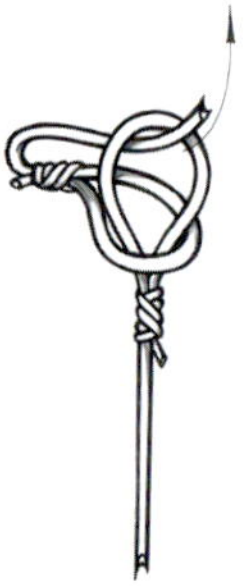

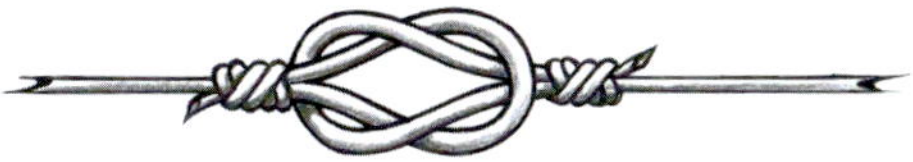

Schritt 3

Jetzt kann man an beiden Schnüren ziehen und hat eine feste Verbindung, im Grunde genommen sogar eine 100 %-Verbindung, aber in Wirklichkeit kommt es natürlich auf die Tragkraft der beiden Schlaufenknoten an.

FRIEDFISCH UND FORELLENTEICH

Diese Verbindung ist perfekt zum Köderfischangeln auf Rotaugen oder zum Forellenangeln am Forellenteich. In beiden Fällen müssen die Vorfächer schnell getauscht werden, was mit der Schlaufenverbindung bestens gelingt.

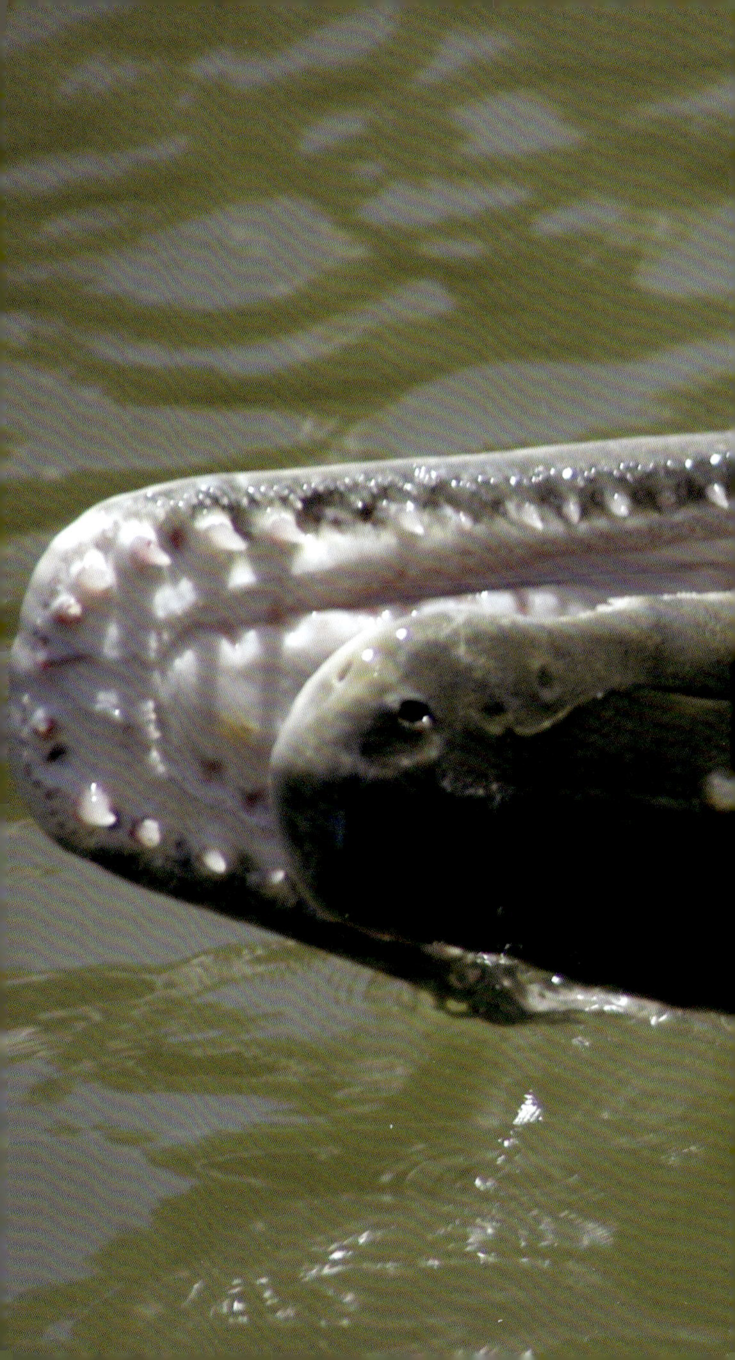

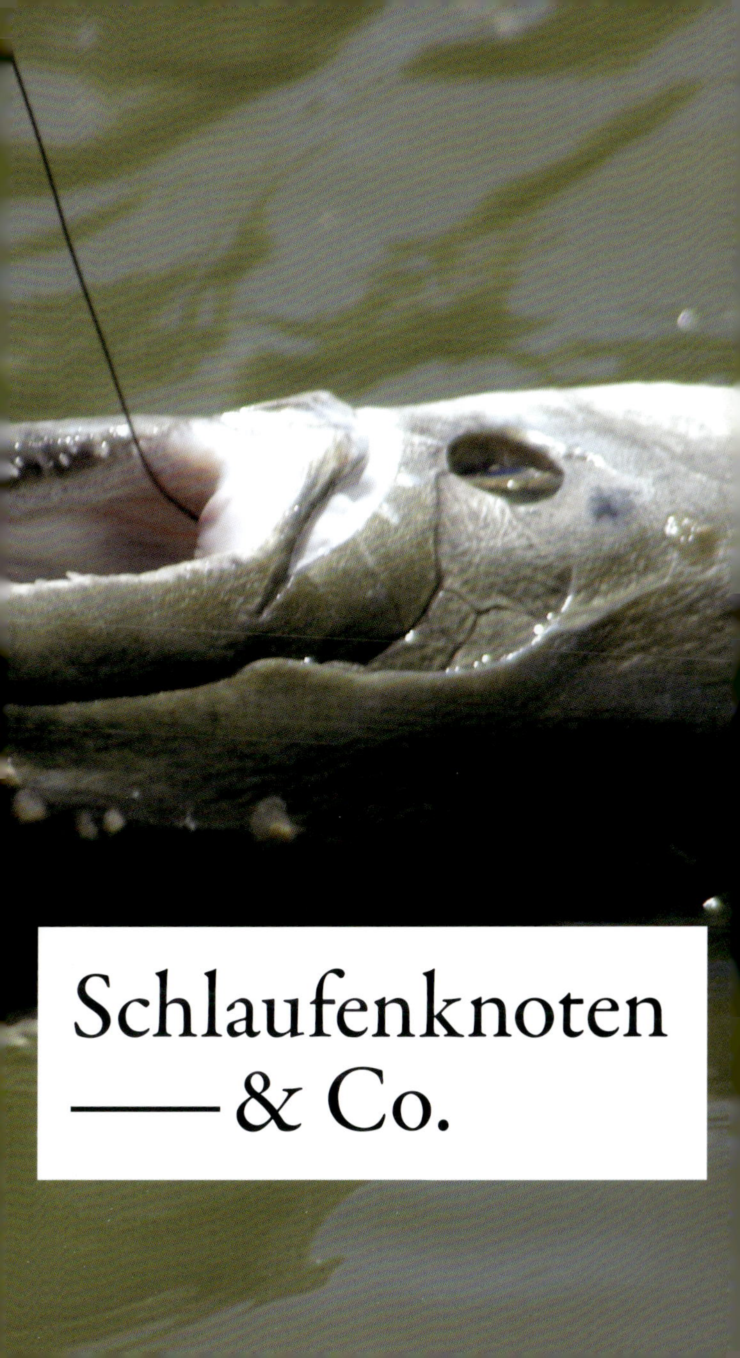

Schlaufenknoten & Co.

Schlaufenknoten

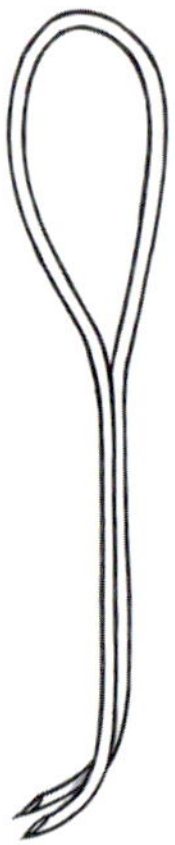

Schritt 1
Der Schlaufenknoten gehört zu den am meisten verwendeten Knoten der Angler. Mit dieser Universalschlaufe kann man Vorfächer mit einem Karabiner einhängen oder aber in die Schlaufe direkt in einen Wirbel einbinden, oder man kann zwei Schlaufen verbinden oder Seitenarme einbinden.
Je nach Größe der Schlaufe wird mit dem Schnurende ein Bogen gebildet und die beiden Schnurstränge werden parallel gelegt.

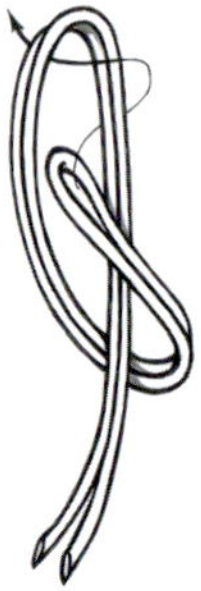

Schritt 2
Nun wird in die doppelt gelegte Schnur eine Schlaufe gelegt und das Schnurende wiederum durch die Schlaufe gefädelt.

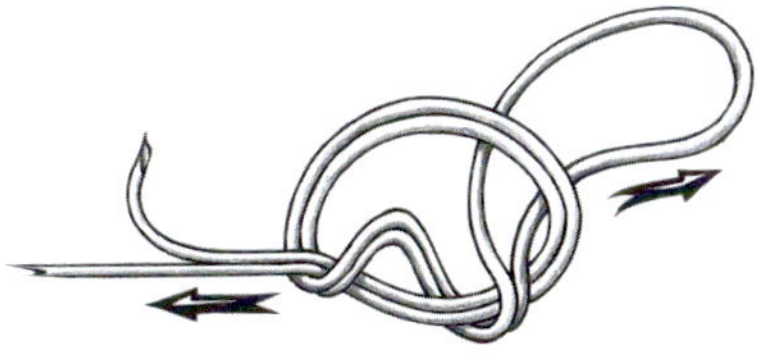

Schritt 3

Je nach Einsatzgebiet reicht eine einzige Windung, es können aber auch zwei oder noch mehr Windungen durch die Schlaufe geführt werden.

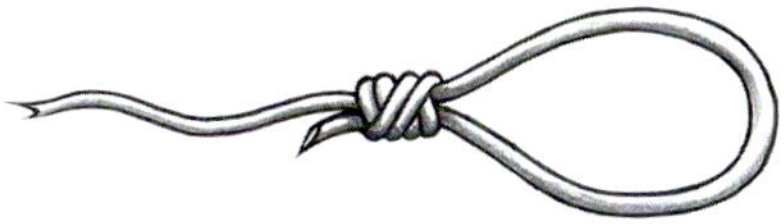

Schritt 4

Jetzt anfeuchten und dann den Zeigefinger der rechten Hand durch die Schlaufe stecken, die linke Hand an die Schnur und fest anziehen, fertig ist die perfekte Schlaufe.

Rapala-Knoten

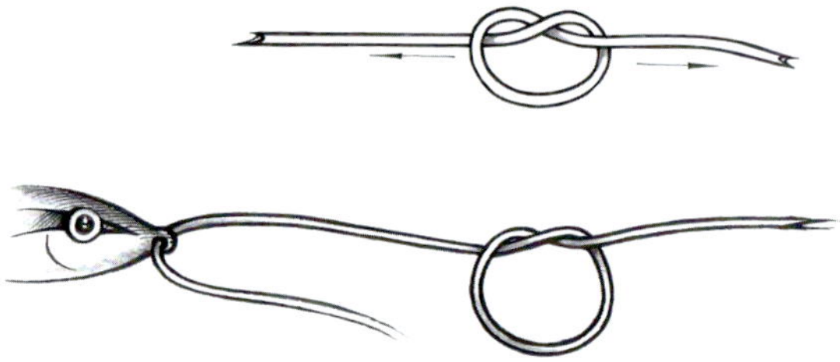

Schritt 1

Dieser Knoten ist nach einer bekannten Kunstköder-Marke benannt und für alle Kunstköder geeignet.

Als Erstes wird ein einfacher Überhandknoten locker in die Schnur gebunden und zwar so, dass circa 20 bis 30 Zentimeter zum Schnurende Platz sind. Nun wird das Schnurende durch die Öse des Kunstköders geführt.

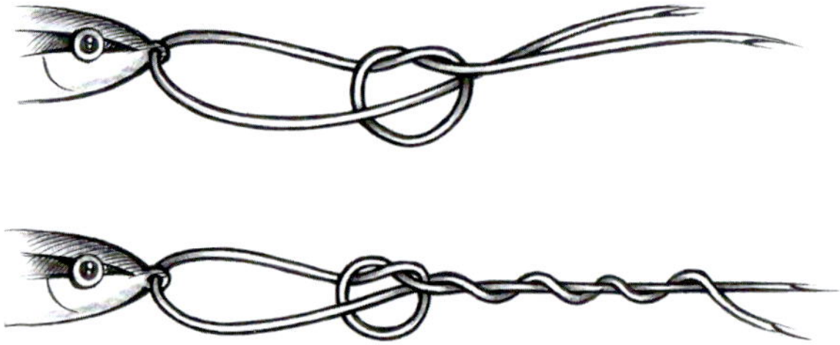

Schritt 2

Jetzt wird das Schnurende durch die Öse des lockeren Überhandknotens geführt und dann von oben nach unten drei- bis sechsmal um die Schnur herumgewunden.

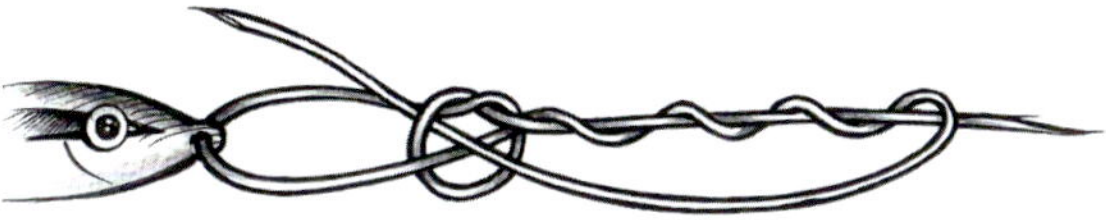

Schritt 3

Das Schnurende wird nun erneut durch die Öse des lockeren Überhandknotens geführt und leicht angezogen.

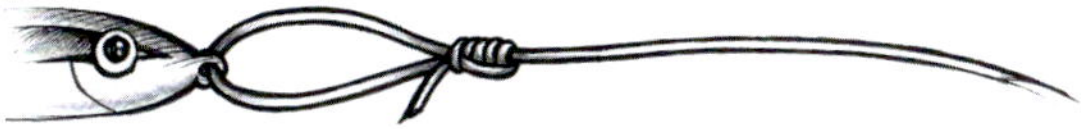

Schritt 4

Nun das Übliche, also Knoten anfeuchten und festziehen. Es entsteht eine Schlaufe, die die Beweglichkeit des Kunstköders sehr gut erhält.

Springerschlaufe

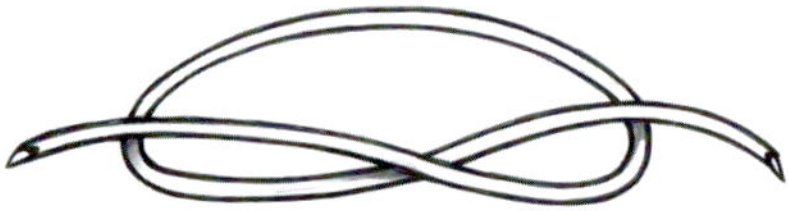

Schritt 1
Die Springerschlaufe ist der perfekte Knoten, um Seitenarme zu montieren. Man benötigt ein Hilfsmittel in Form eines kleinen Hölzchens, perfekt sind kurze Dübel oder abgebrochene Streichhölzer.
Zuerst wird ein normaler, lockerer Überhandknoten mit zwei Windungen in die Schnur gebunden.

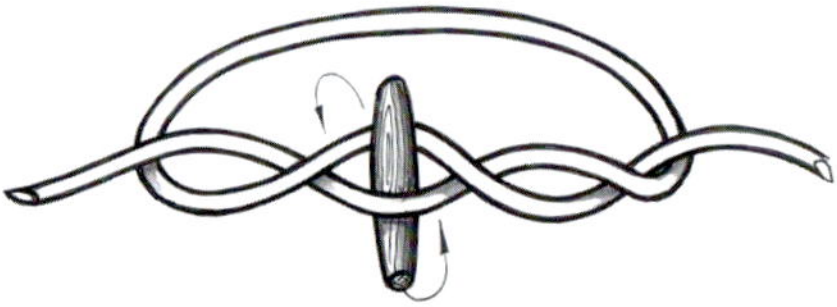

Schritt 2
Wenn man das Ganze jetzt auflockert, kann das Hilfshölzchen in die mittlere Schnuröffnung geschoben werden. Nun dreht man die Schnur mithilfe des Hölzchens immer wieder um sich selbst und durch den Bogen des lockeren Überhandknotens. Zwei bis fünf Windungen sind absolut ausreichend.

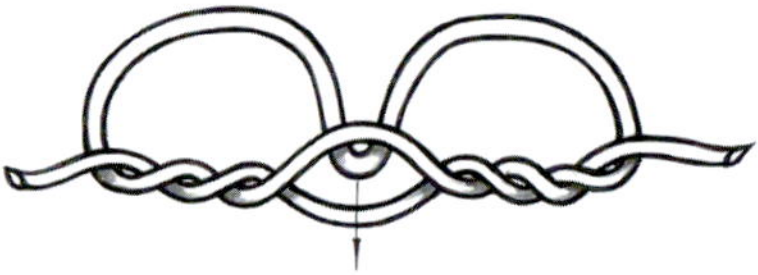

Schritt 3
Jetzt wird der Schnurbogen von oben nach unten durch die Öffnung gezogen, in der das Hölzchen steckt, dabei wird das Hölzchen natürlich entfernt.

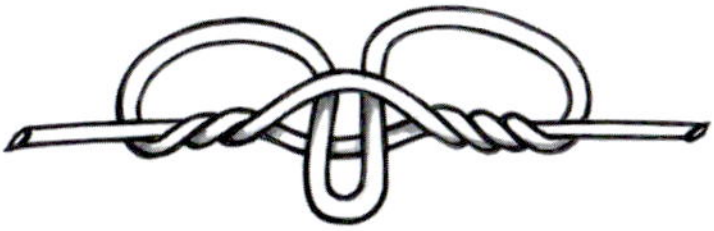

Schritt 4
Der Knoten erfordert ein wenig Geschick, aber nach ein paarmal Üben funktioniert das. Jetzt kann man die Schlaufe mit dem Mund halten und mit der rechten und linken Hand die beiden Schnurenden auseinanderziehen.

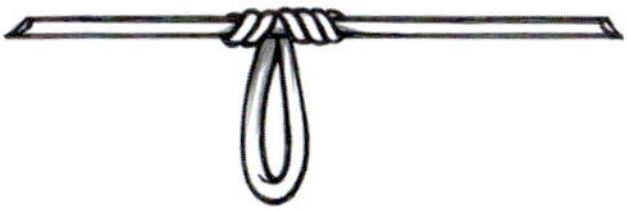

Schritt 5
Jetzt noch anfeuchten und festziehen, fertig ist die Springerschlaufe. Nun können hier mittels Karabiner oder mittels Schlaufenverbindung Seitenarme montiert werden.

Dropshot-Knoten 1

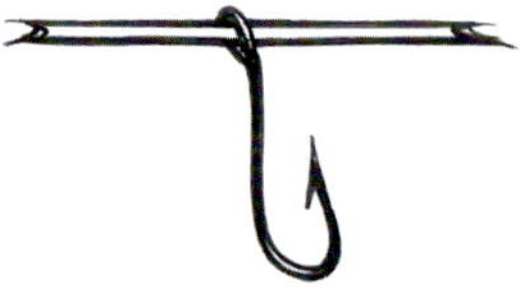

Schritt 1
Nicht ohne Grund kommt der 1. Dropshotknoten nach der Springerschlaufe, denn im Grunde ist es der gleiche Knoten. Wir beschreiben ihn trotzdem komplett, denn wer mit Dropshotsystem angeln will, benötigt nicht unbedingt eine Springerschlaufe.
Der Haken wird gebunden, bevor das Dropshotblei ans Ende der Schnur gebunden wird. Also zuerst den Haken auf die Schnur fädeln.

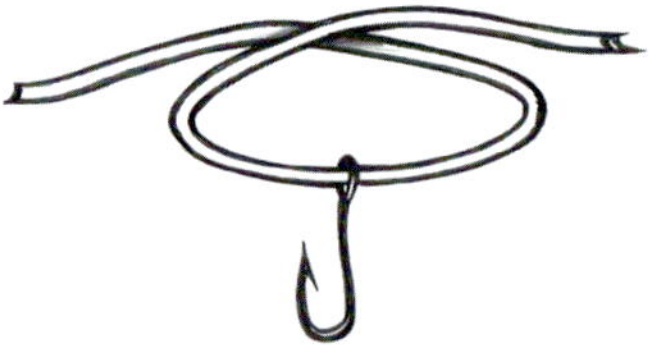

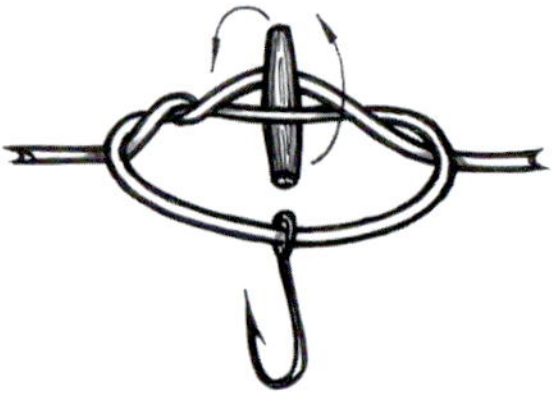

Schritt 2
Jetzt wird eine doppelte Überhandschlaufe gelegt und in der Mitte wird ein Hilfshölzchen (Dübel, Streichholz, etc.) eingeführt. Mithilfe des Hölzchens wird die Schnur 3- bis 5-mal eingedreht.

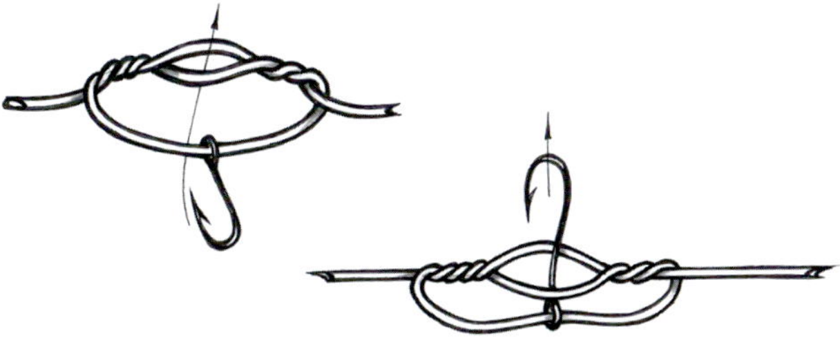

Schritt 3
Nun wird das Hölzchen entfernt und an dessen Stelle der Haken durch die Öffnung geführt. Das muss recht zeitnah passieren und benötigt ein wenig Übung.

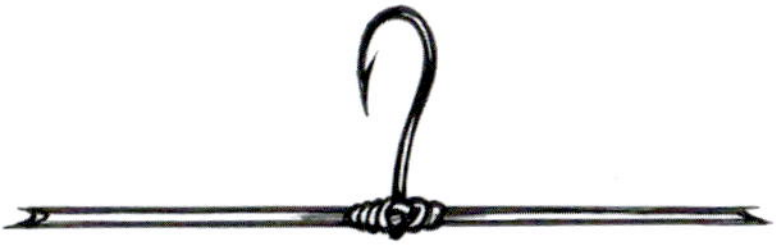

Schritt 4
Beide Schnurenden auseinanderziehen, sodass der Haken gut von der Schnur absteht. Anfeuchten und ganz festziehen, fertig.

Dropshot-Knoten 2

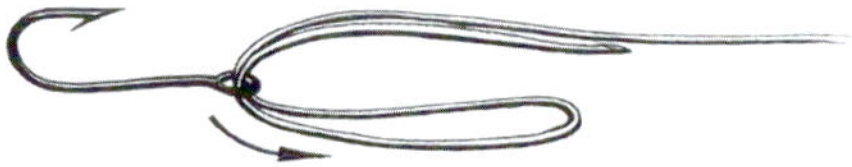

Schritt 1
Der 2. Dropshotknoten hat als Grundlage den Palomar-Knoten von Seite 20–21. Allerdings muss eine größere Schlaufe gebildet werden, weil die überstehende Schnur als Schnurende für das Dropshotblei benötigt wird.

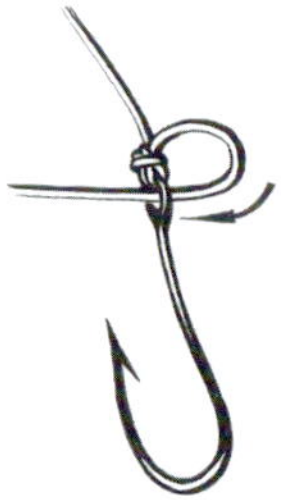

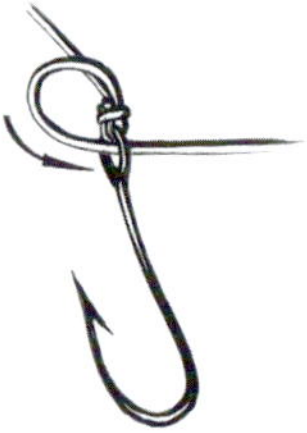

Schritt 2
Die Schlaufe wird also durch das Hakenöhr gefädelt. Man muss nun selbst abschätzen, wie weit das Blei vom Haken entfernt sein soll. Dann wird der normale Palomar gebunden und die Schnur bleibt überstehen. Jetzt wird einmal das vordere und einmal das hintere Ende der Schnur durch den Haken gezogen, damit er so waagerecht wie möglich absteht.

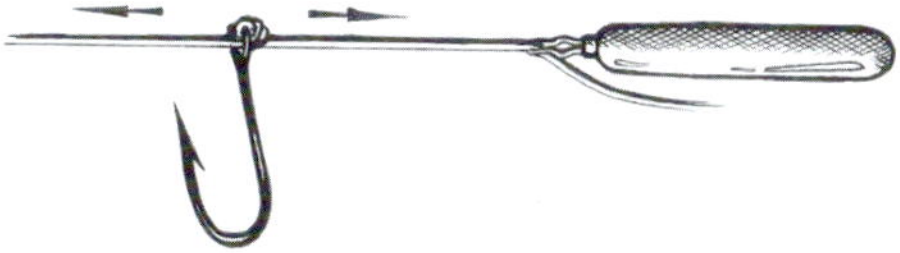

Schritt 3
Jetzt anfeuchten und festziehen. Anschließend kann das Dropshotblei ans Schnurende gebunden werden.

DROPSHOT
Das Dropshotangeln wird immer beliebter. Es handelt sich um eine Methode zum Barsch- oder Zanderangeln. Dabei ist das Ende der Montage ein Grundblei und der Köder wird ein Stück darüber frei eingebunden, wodurch extrem viel Beweglichkeit vorhanden ist.

Schlingenknoten

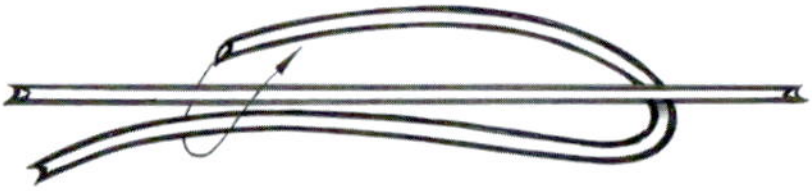

Schritt 1
Der Schlingenknoten ist geeignet zum Montieren von Seitenarmen, in diesem Fall gleitenden Seitenarmen, also beispielsweise für die Brandungsfischerei.

Die Mundschnur oder der Seitenarm wird parallel zur Hauptschnur gelegt, und mit der Mundschnur wird eine Schlaufe gelegt.

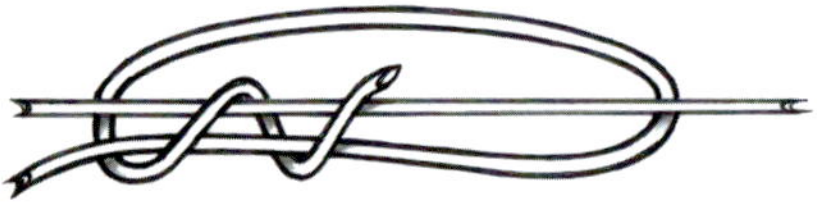

Schritt 2
Nun wird das Ende der Mundschnur drei- bis fünfmal durch die Schlaufe und um beide Schnüre gewunden.

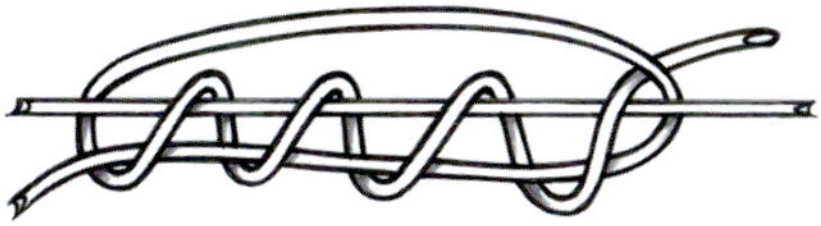

Schritt 3

Nach den drei bis fünf Windungen wird das Ende der Mundschnur oberhalb der Hauptschnur durch die Schlaufe gezogen. Der Knoten kann nun langsam und vorsichtig zusammengezogen werden.

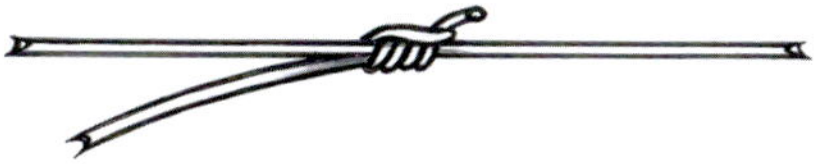

Schritt 4

Nun wird das Ganze angefeuchtet, festgezogen und eingekürzt. Dabei müssen Sie selbst über die Festigkeit entscheiden, wie gleitfähig der Seitenarm sein soll. Sprich: Je fester der Knoten angezogen wird, desto weniger Gleitfähigkeit hat der Seitenarm. Dies entscheidet man je nach Situation.

Nagelknoten

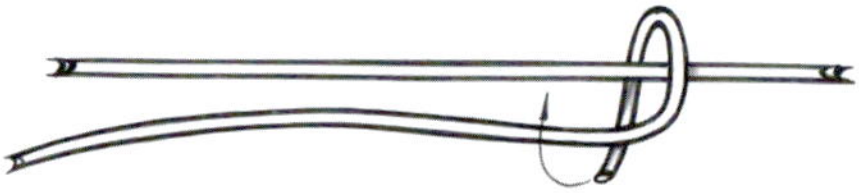

Schritt 1

Der Nagelknoten ist ebenfalls ein Knoten für Seitenarme, die auch Mundschnüre genannt werden. Mit dem Nagelknoten kann man die Mundschnur noch fester an einer Stelle fixieren. Er heißt Nagelknoten, weil man auch diesen Knoten mit einem Bindehelfer binden kann, dies ist dann meistens ein Nagel. Wie das funktioniert, kann man auf Seite 46–47 beim Nadelknoten nachschlagen.
Im ersten Schritt werden beide Schnüre parallel gelegt, dann beginnt man das Ende der Mundschnur um Hauptschnur und Mundschnur, und zwar gegen den Seitenarm, zu winden.

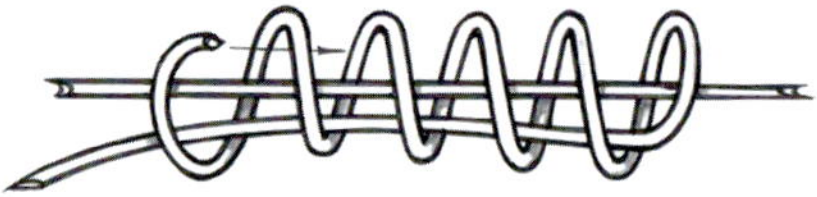

Schritt 2

Das Wickeln um die Schnüre funktioniert am besten, wenn man mit der rechten Hand beide Schnüre fixiert und mit der linken wickelt. Die Wicklungen dürfen nicht zu eng sein.

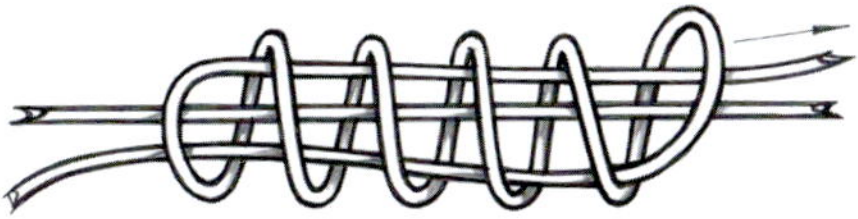

Schritt 3
Nach drei bis sechs Wicklungen wird das Ende der Mundschnur durch die Wicklungen hindurch zurückgeführt. Deshalb dürfen die Wicklungen auch nicht zu eng sein. Am einfachsten funktioniert das, wenn man als Bindehilfe einen Nagel mitumwickelt hat, mit dem man nun die Schnur hindurchführen kann. Mit etwas Übung geht es auch ohne.

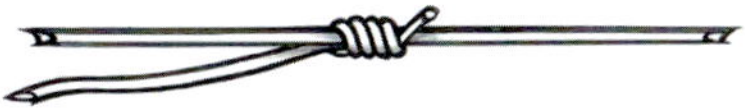

Schritt 4
Nun wird das Ganze erst vorsichtig zusammengezogen, dann angefeuchtet, festgezogen und eingekürzt. Dieser Knoten eignet sich vor allem dafür, dünnere Seitenarme an eine dickere Hauptschnur zu knoten.

Surgeon's Knot

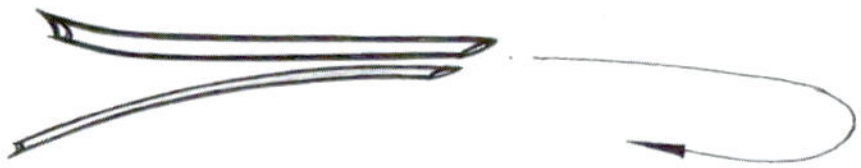

Schritt 1

Der Surgeon's Knot ist eine Abänderung der Chirugen-Schlaufe. Dadurch ist er die beste Verbindung für einen fest stehenden Seitenarm. Der Nachteil ist, dass der Knoten nicht auf eine fertige Montage aufgeknotet werden kann, sondern mit der Hauptschnur verschlungen wird. Sprich: Die komplette Montage muss Schritt für Schritt gebaut werden, und daran muss die Mundschnur befestigt werden, bevor noch mehr an die Hauptschnur montiert wird. Zuerst werden beide Schnüre parallel gelegt.

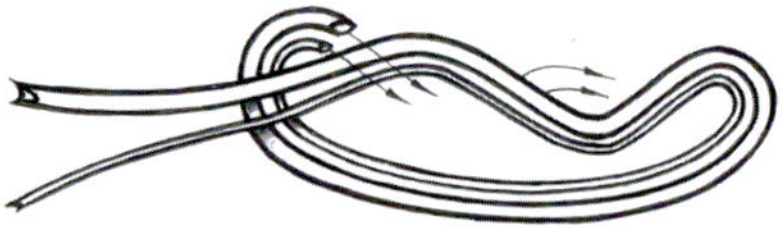

Schritt 2

Achten Sie gleich darauf, wie viel Schnur der Hauptschnur nach dem Seitenarm noch benötigt wird, denn so lang muss die Schnur parallel liegen und dann auch geknotet werden. Jetzt wird mit beiden parallel liegenden Schnüren eine Schlaufe gebildet und beide Enden werden durch die Schlaufe geführt.

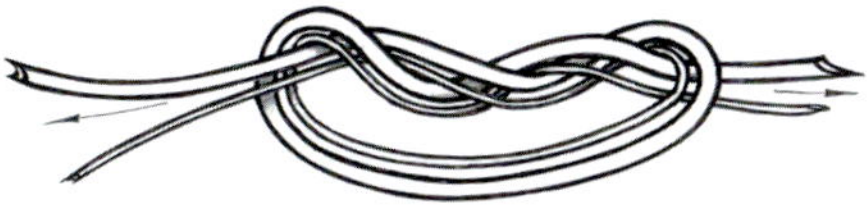

Schritt 3
Nun werden beide Enden erneut durch die Schlaufe gezogen. Das kann beliebig oft gemacht werden, zwei- bis dreimal sind sinnvoll.

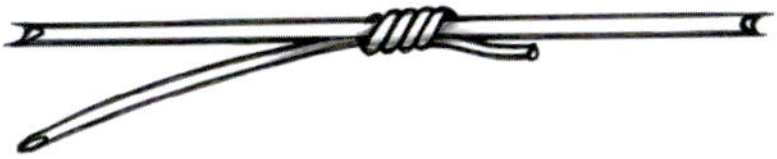

Schritt 4
Nun zuerst wieder leicht zusammenziehen, anschließend anfeuchten, festziehen und einkürzen, fertig. Nun können an die Hauptschnur noch verschiedene Montagen angebunden werden und an die Mundschnur ebenfalls.

Bimini-Twist

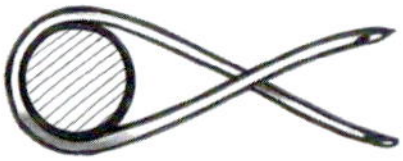

Schritt 1

Der Bimini-Twist ist nicht nur ein absoluter Klassiker für alle Arten der Angelei auf Großfische, wie zum Beispiel dem Big-Game-Angeln, nein, er ist der einzige Knoten, dem eine 100 %-Tragkraft nachgesagt wird. Dafür ist das Binden dieses Knotens alles andere als einfach. Am besten funktioniert er zu zweit. Ist man allein, kann man seinen Fuß oder einen runden Gegenstand, wie beispielsweise ein Stuhlbein, zu Hilfe nehmen. Da es sich um einen Schlaufenknoten handelt, ist nur eine Schnur nötig. Diese Schnur wird nun einmal um die Hand oder das Stuhlbein gelegt.

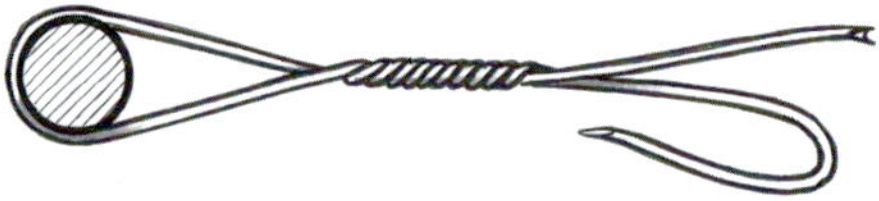

Schritt 2

Ein guter halber Meter Schnur sollte überstehen. Die Schnur wird nun ineinander verwunden, sprich: verdrallt. 20 bis 30 Verdrallungen sind gut. Dabei muss das Ganze beständig unter Spannung gehalten werden.

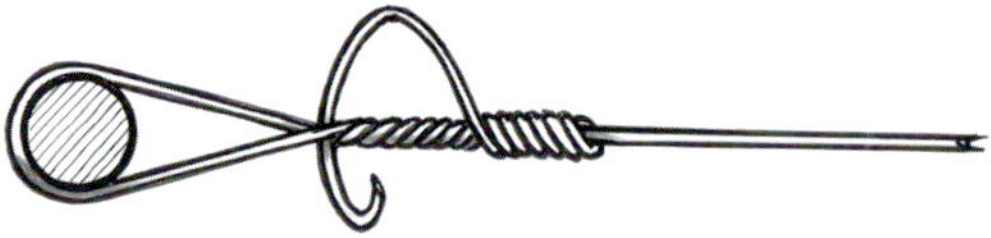

Schritt 3

Jetzt sollte es endlich etwas schwieriger werden. Mit der linken Hand schiebt man nun die entstandene Schlaufe vom Stuhlbein weg nach oben. Achtung: alles auf Spannung halten. Gleichzeitig wird nun das Schnurende von oben nach unten auf die Verdrallung gewunden.

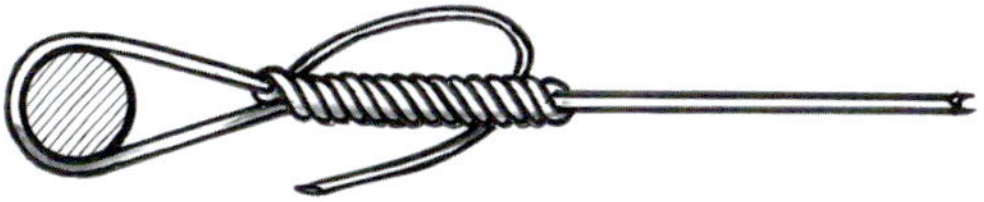

Schritt 4
Unten angekommen wird das Schnurende durch die vorhandene Schlaufe geführt und dann durch die dabei entstehende Schlaufe zurückgeführt.

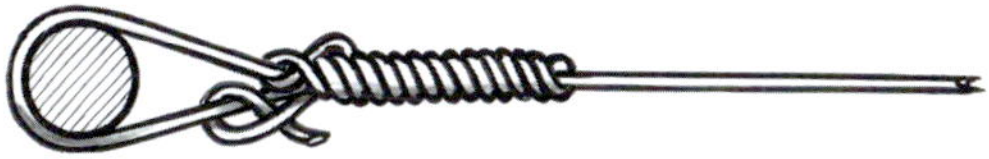

Schritt 5
Das Schnurende wird nun von unten genauso durch die vorhandene Schlaufe und durch die entstehende Schlaufe gezogen. Jetzt kann man auch die Spannung nachlassen.

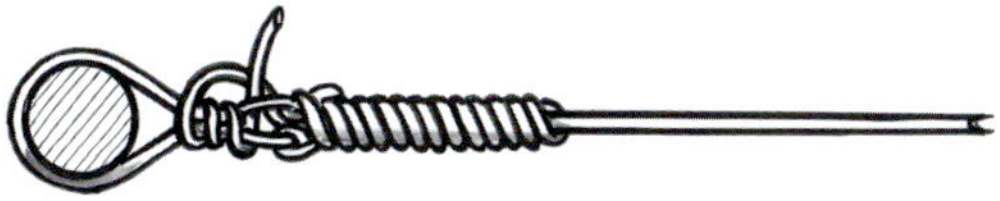

Schritt 6
Nun wird das Schnurende einmal um die komplette Schlaufe gelegt. Dabei entsteht wieder eine neue Schlaufe, und durch diese zieht man zwei- bis dreimal die Schnur und zieht das Ganze leicht an.

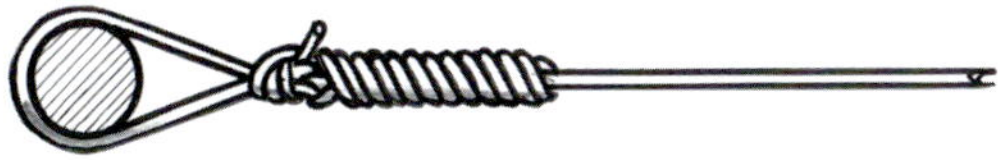

Schritt 7
Nun kann man sich die Schlaufe vornehmen, sie anfeuchten, richtig festziehen und einkürzen. Es ist die stabilste Schlaufe entstanden, die man sich vorstellen kann.

Stopperknoten

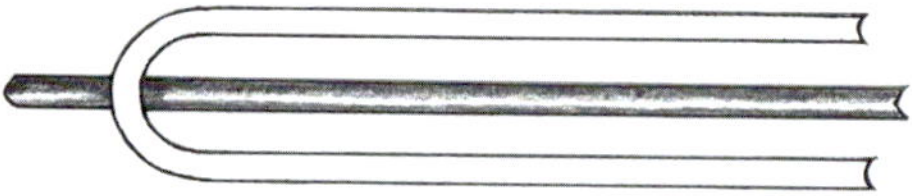

Schritt 1

Ein einfacher Knoten, um beispielsweise eine Pose abzustoppen. Er funktioniert am besten mit geflochtener Schnur. Dafür nimmt man ca 20 bis 25 Zentimeter der geflochtenen Schnur und legt diese als Schlaufe an die Hauptschnur.

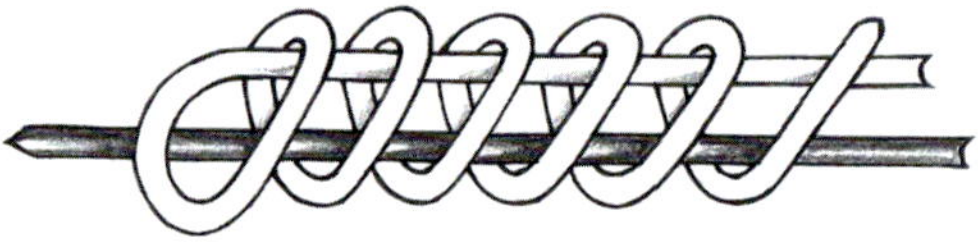

Schritt 2

Nun wird die geflochtene Schnur um die Hauptschnur und den zweiten Strang der eigenen Schnur gewickelt, drei bis sechs Wicklungen sind ausreichend.

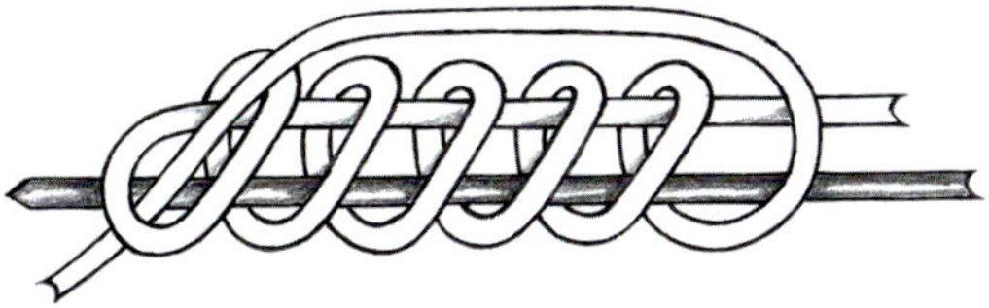

Schritt 3
Nach der letzten Wicklung wird das Schnurende wieder zurückgeführt und durch die am Anfang entstandene Schlaufe gezogen.

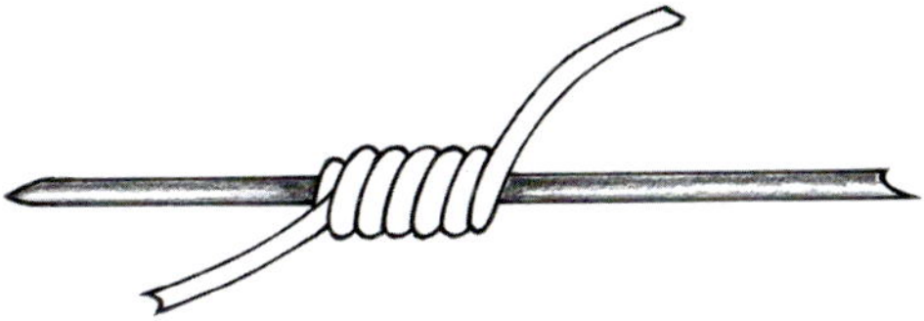

Schritt 4
Jetzt wird das Ganze leicht zusammengezogen, angefeuchtet und festgezogen. Beim Kürzen nicht übertreiben, zwar muss die Schnur so gekürzt werden, dass sie durch die Ringe gleitet, aber sie muss eben auch noch abstoppend wirken. Am besten funktioniert ein Stopperknoten, wenn eine Gummiperle zwischengeschaltet wird, die am Knoten abgestoppt wird.

Überhandstopper

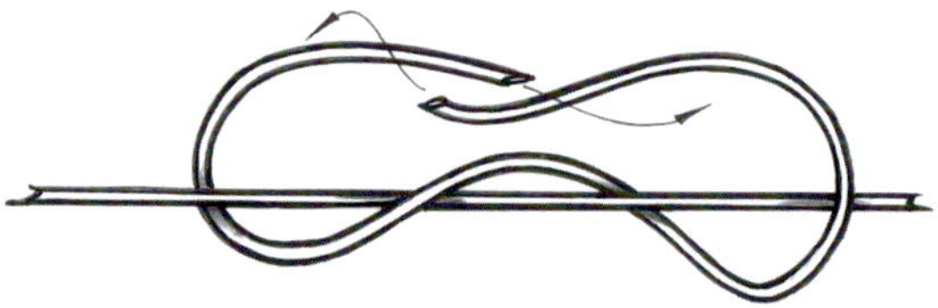

Schritt 1

Der Überhand-Stopper ist der einfachste Stopperknoten. Er funktioniert mit jedem Schnurtyp und auch mit Gummibändern.
Man benötigt circa 20 bis 30 Zentimeter der Schnur, die den Stopper bilden soll. Die Stopperschnur wird zuerst unter der Hauptschnur durchgeführt, dann über die Hauptschnur gelegt und dann wieder unter der Hauptschnur durchgezogen.

Schritt 2

Beide Schnurenden werden jetzt mit zwei bis drei Überhandwicklungen zusammengebunden.

Schritt 3

Das Ganze wird nun befeuchtet, zusammengezogen und leicht eingekürzt. Mit dem unterschiedlichen Grad des Festziehens kann man die Gleitfähigkeit des Stopperknotens bestimmen.

GUMMIPERLE

Stopperknoten dienen dazu, Gleitposen oder auch Running-Booms (Bleie) auf der Hauptschnur abzustoppen. Um den Stopperknoten und die restliche Montage zu schützen, ist es immer von Vorteil, eine Gummiperle zwischenzuschalten.

Schlingenstopper

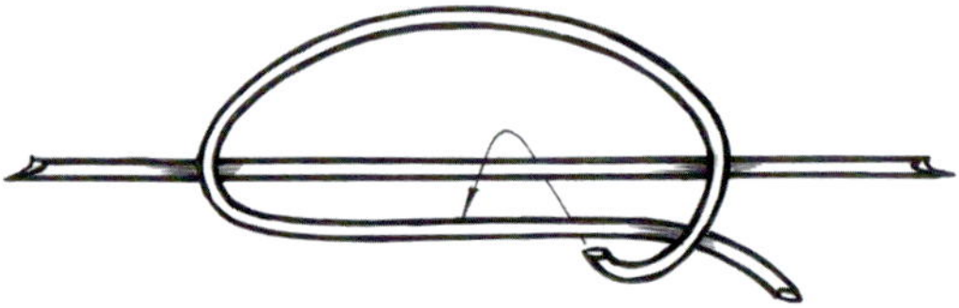

Schritt 1
20 bis 30 Zentimeter Schnur sind nötig, um diesen Stopper zu knoten. Die Stopperschnur wird als Schlaufe um die Hauptschnur gelegt.

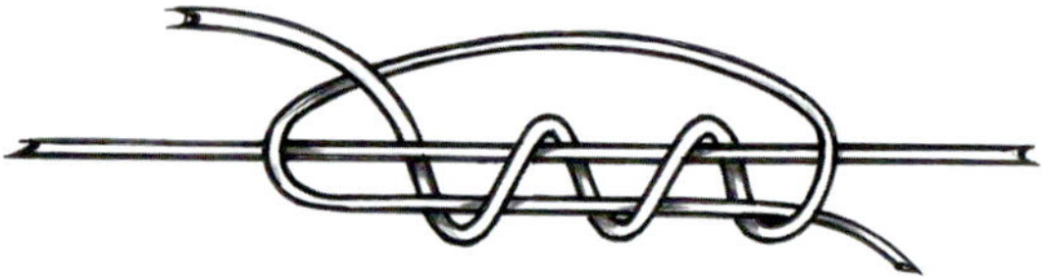

Schritt 2
Das obere Schnurende wird nun zwei- bis dreimal um beide Schnüre und durch die oben entstandene Schlaufe gewickelt.

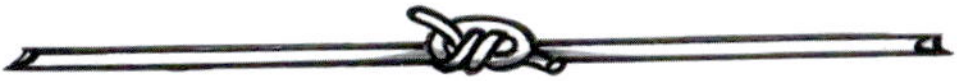

Schritt 3
Zum Schluss wird das Schnurende nach oben durch die Schlaufe geführt, sodass ein Schnurende nach oben und eins nach unten zeigt. Dann wird der Knoten befeuchtet, festgezogen und leicht eingekürzt.

FERTIGSTOPPER
Im Fachhandel gibt es jede Menge verschiedener Fertigstopper, als Gummis oder als Knoten. Trotzdem ist man natürlich auf der sichersten Seite, wenn man selber weiß, wie es geht. Ein Stück Schnur findet sich immer.

Spulenknoten 1

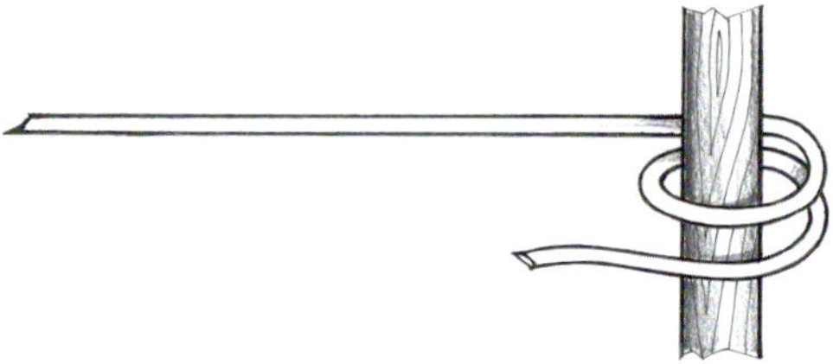

Schritt 1
Spulenknoten benötigt man, um seine Hauptschnur auf die Angelrolle zu bekommen. Dies ist einer der Knoten, die man hierfür nutzen kann. Das Schnurende wird zweimal um die Spule der Angelrolle gelegt.

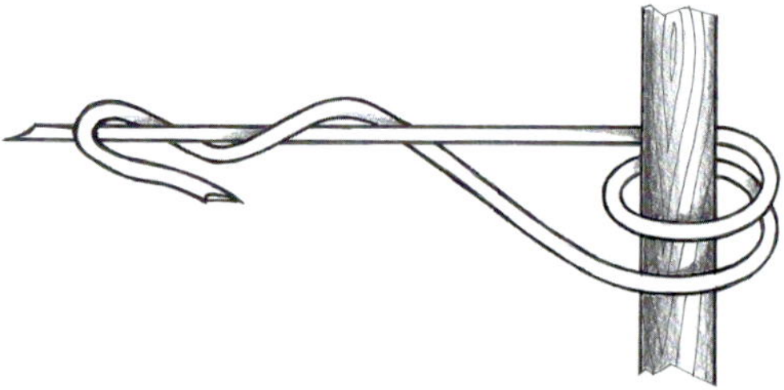

Schritt 2
Nun wird das Schnurende ganz einfach an der Hauptschnur entlang zweimal um die Schnur gewickelt.

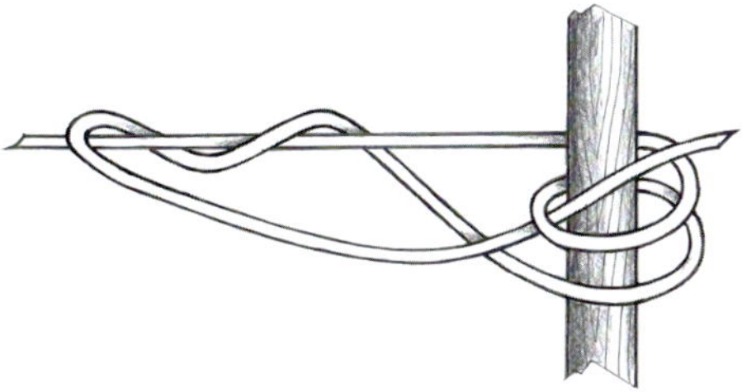

Schritt 3

Das Schnurende wird nun zurückgeführt und einmal unter der auf der Spule liegenden Schnur durchgefädelt. Nun wird alles zusammengezogen. Auf das Kürzen kann man verzichten, da die Schnur komplett über den Knoten auf die Spule gewickelt wird.

FACHHANDEL

Wenn man im Fachhandel eine Angelschnur kauft und seine Angelrolle dabeihat, wird gewöhnlich die Schnur gleich aufgespult. Trotzdem gibt es genug Situationen am Wasser, in denen man genau dies selber tun muss.

Spulenknoten 2

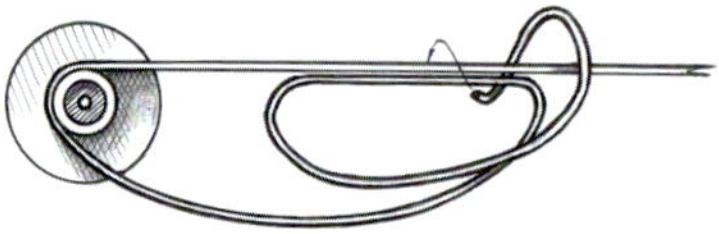

Schritt 1

Dieser Spulenknoten ist zwar etwas komplizierter, liegt aber besser am Spulenkopf an.
Die Schnur wird einmal um die Spule gelegt, und dann wird ein Stück oberhalb der Spule ein Kreis in die Schnur gelegt.

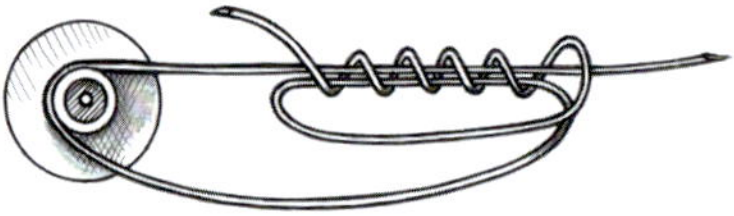

Schritt 2

Nun wird das Schnurende drei- bis fünfmal durch den Kreis und um beide Schnüre gewickelt.

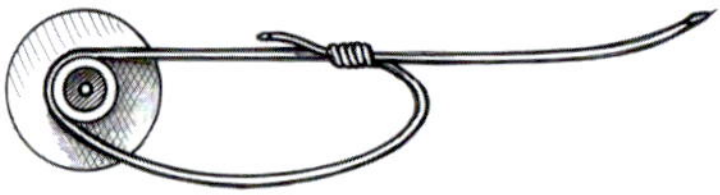

Schritt 3

Das Schnurende wird nun von unten nach oben durch den Kreis gezogen, und der Knoten wird auf der Schnur leicht angezogen.

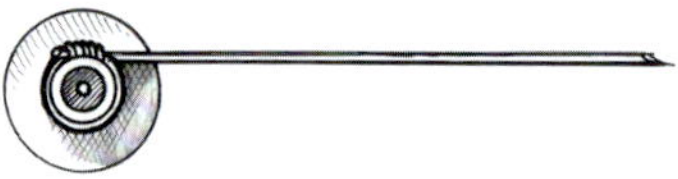

Schritt 4

Jetzt kann an der Hauptschnur gezogen werden, und der Knoten rutscht direkt auf den Spulenkopf und liegt hier schön eng an.

Infoline

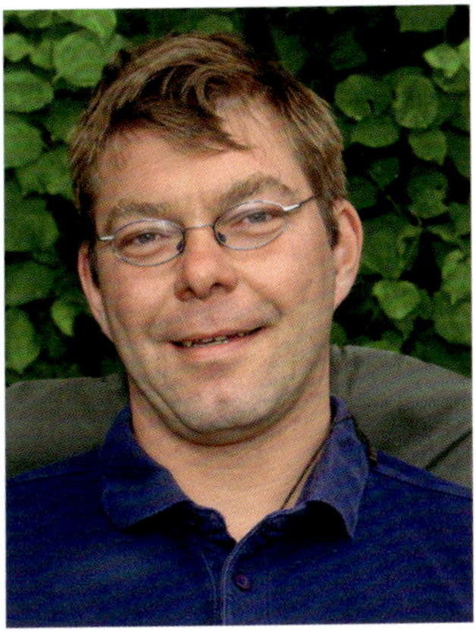

Ben Boden, Jahrgang 1971, angelt seit frühester Kindheit. Über Umwege als Industriekaufmann und Sparkassenangestellter sowie dem Studium der Literatur und Philosophie kam er zu seinem Traumjob als Fachlektor für Angelbücher.
Den Fischen gilt seine große Leidenschaft, so konnte er nicht nur in Deutschland, Europa und der Welt etliche Fische angelnderweise überlisten, sondern betaucht inzwischen auch die Meere, um die Fische ungestört in ihrem Lebensraum beobachten zu können.

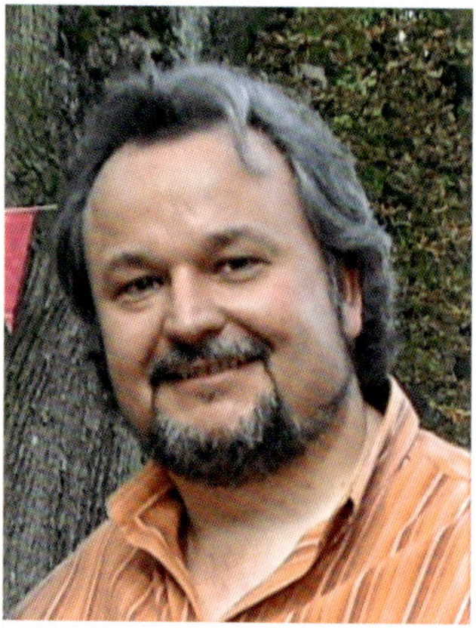

DER ZEICHNER

Der Illustrator und Maler **Kay Elzner** illustriert schon seit über zwanzig Jahren Natur-und Sachbücher mit breitem Repertoire für den KOSMOS Verlag. Der passionierte Naturfreund hat hier schon viele Bücher mit Themen wie Angeln, Jagd, Hund, Schlangen und Spinnen mit seinen Zeichnungen gestaltet. Zudem hat er sich in Belletristik und Jugendbuch mit seinen Illustrationen in Titeln von Mittelalter-Literatur bis Fantasy einen Namen gemacht. Hier sind besonders seine Zeichnungen in Büchern über Hobbits (Halblinge) erfolgreich. Das Spektrum seiner Arbeiten reicht bis hin zu Spielen und Filmen und nicht zuletzt zu sehr begehrten Bildern mit maritimen Motiven. Dabei liegen ihm besonders Szenen aus der Zeit der Wikinger am Herzen. Kay Elzners gestalterisches Schaffen wurde bereits zweimal mit dem Kulturpreis und dem „Blauen Herz für Kinderfreundschaft" geehrt.

www.kayelzner.de

Adressen

Deutschland

Deutscher Angelfischerverband e. V. (DAFV)
Geschäftsstelle Berlin
Reinhardtstraße 14
10117 Berlin
Tel. 030-97104379
E-Mail: info-Berlin@dafv.de

Bundesforschungsanstalt für Fischerei
Palmaille 9
22767 Hamburg
Tel. 040-38 90 50

Leibniz-Institut für Gewässerökologie und Binnenfischerei im Forschungsverbund Berlin e. V.
Müggelseedamm 310
12587 Berlin
Tel. 030-64 18 15

Österreich

Verband österreichischer Arbeiter Fischerei Vereine
Lenaugasse 14
1080 Wien
Tel. 01-403 21 76 oder 403 97 54

Österreichischer Fischereiverband
Dresdner Str. 73
1200 Wien

Schweiz

Schweizerischer Fischereiverband
Sekretariat
Vordergasse 30
8200 Schaffhausen
Tel. 05 26 24 50 44

Angelzeitschriften

Angelwoche
Jürgen-Töpfer-Str. 48
22763 Hamburg

Blinker
Jürgen-Töpfer-Str. 48
22763 Hamburg

Der Raubfisch
Erich-Kästner-Str. 2
56379 Singhofen

Esox
Jürgen-Töpfer-Str. 48
22763 Hamburg

Fisch & Fang
Erich-Kästner-Str. 2
56379 Singhofen

Kutter & Küste
Jürgen-Töpfer-Str. 48
22763 Hamburg

Angeln im Internet

www.angeln.de
www.angeln-24.de
www.angelwoche.de
www.blinker.de
www.carp.de
www.dafv.de
www.der-angler.de
www.fisch-hitparade.de
www.fischundfang.de
www.fliegenfischen.de
www.fliegenfischer-forum.de
www.raubfisch.de

Das Wichtigste — beim Angeln

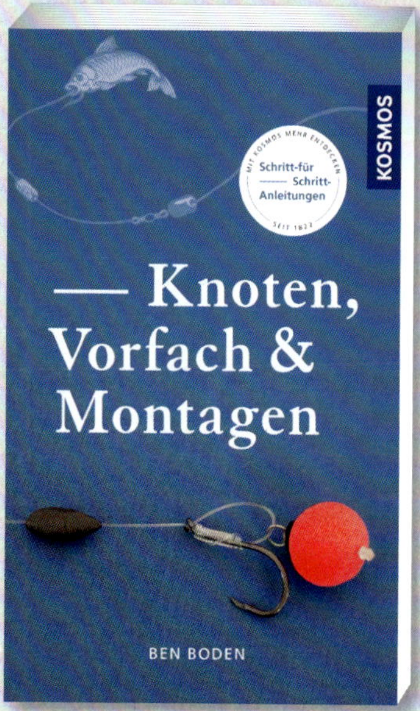

96 Seiten

Die wichtigste Verbindung zwischen Angler und Fisch ist die Schnur. Sie muss halten, egal wie viele Knoten eingebaut sind. Dieser kompakte Ratgeber erklärt, welche Schnüre und Vorfächer es gibt und wie man sie zum Endstück, der Montage aus Knoten, Schnur, Haken, Wirbel und weiterem Zubehör, knotet. Das handliche Format passt in jeden Angelrucksack.

Welcher Angelfisch — ist das?

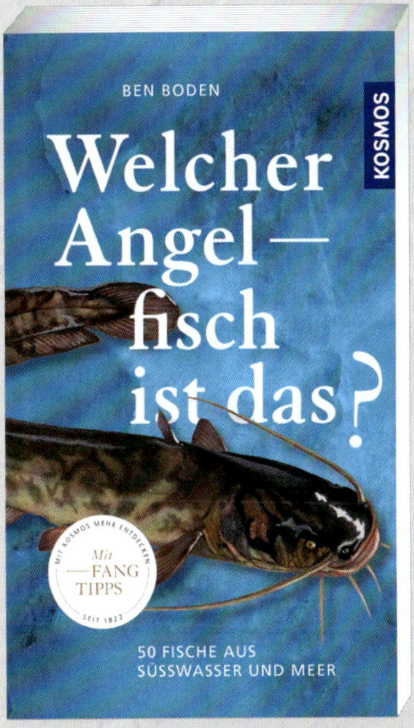

112 Seiten

Dieser praktische Ratgeber stellt die 50 häufigsten Angelfische in Süß- und Salzwasserrevieren vor. Zu jeder Art gibt es sowohl ein Foto als auch eine Illustration, um ähnliche Fische sicher zu unterscheiden.
Ergänzt werden die Bilder durch kompakte Informationen zu Merkmalen und Lebensweise sowie Fangtipps zu jedem Fisch. Das handliche Format passt in jeden Angelrucksack und ermöglicht schnelles Bestimmen direkt vor Ort.

kosmos.de

Impressum

Mit 5 Farbfotos des Autors und 164 Illustrationen von Kay Elzner

Umschlaggestaltung von Jorge Schmidt, unter Verwendung von Illustrationen von Kay Elzner.

Alle Angaben in diesem Buch erfolgen nach bestem Wissen und Gewissen. Sorgfalt bei der Umsetzung ist indes dennoch geboten. Der Verlag und der Autor übernehmen keinerlei Haftung für Personen-, Sach- oder Vermögensschäden, die aus der Anwendung der vorgestellten Materialien und Me-

MIX
Papier | Fördert gute Waldnutzung
FSC® C014889
FSC www.fsc.org

Gedruckt auf chlorfrei gebleichtem Papier

ISBN 978-3-440-17852-2
Projektleitung und Redaktion: Ben Boden
Gestaltung und Satz: DOPPELPUNKT, Stuttgart
Produktion: Markus Schärtlein
Druck und Bindung: Friedrich Pustet GmbH & Co. KG, Regensburg
Printed in Germany / Imprimé en Allemagne